你是我藏在风里的喜欢

祺瑶／著

中国华侨出版社
·北京·

图书在版编目（CIP）数据

你是我藏在风里的喜欢 / 祺瑶著 . ‐‐ 北京 : 中国
华侨出版社 , 2022.1（2024.5 重印）

ISBN 978‐7‐5113‐8592‐5

Ⅰ . ①你… Ⅱ . ①祺… Ⅲ . ①爱情 ‐ 通俗读物 Ⅳ .
① C913.1‐49

中国版本图书馆 CIP 数据核字（2021）第 183740 号

你是我藏在风里的喜欢

著　　者：祺　瑶
责任编辑：张　玉
封面设计：韩　立
文字编辑：许俊霞
美术编辑：潘　松
经　　销：新华书店
开　　本：880mm×1230mm　1/32 开　印张：8　字数：170 千字
印　　刷：河北松源印刷有限公司
版　　次：2022 年 1 月第 1 版
印　　次：2024 年 5 月第 4 次印刷
书　　号：ISBN 978‐7‐5113‐8592‐5
定　　价：46.00 元

中国华侨出版社　北京市朝阳区西坝河东里 77 号楼底商 5 号　邮编：100028
发 行 部：（010）58815874　　　传　真：（010）58815857
网　　址：www.oveaschin.com　　E‐mail：oveaschin@sina.com

如发现印装质量问题，影响阅读，请与印刷厂联系调换。

　　毕业后，同学们大多找了一份稳定的工作，过着安心的生活。而我独自一人提着最简单的行李，怀揣着最丰盛的梦想，来到了北京这座城市。

　　是的，北京很大。但于我而言，上班路上，北京就地铁车厢那样大；进入公司，北京就办公桌那样大；回到住处，北京就出租屋那样大。这难免让人感到沮丧，但因在路上遇见一些人、经历一些事，看似灰色的生活，也染上了绚丽的色泽。

　　晚上十点，公司里的人早已走尽。灯光将夜色逼至窗外，电脑里存着未完成的工作。我像往常一样走至窗边，站在大厦的顶层，望着外面依旧川流不息的街道。

　　霓虹遮掩了星空，街道对面的商场里灯火通明。我时常在想，如若我有机器猫的时光机，我最想对过去的自己说什么？

很久之前，也许是想说的太多，也许是不知如何表达，我始终想不出最想说的话。如今，在伤过、痛过、迷茫过、挣扎过之后，我会对自己说："谢谢你一直在做我愿意回忆的事情。"

匆匆走过的路人，与我无关，但他们是另一些人的整个世界。在他们眼中，我也与他们毫无关联，但我也是一些人的整个世界。每个人都不完美，但值得庆幸的是，有人仍爱着有这样或那样缺点的我们。因而，不必惧怕跌倒，要相信总有人在我们跌倒之时，向我们伸出双手。如若没有，那你就成为自己的太阳，哭一哭，揉一揉伤口，告诉自己这没什么大不了，然后继续为空白的时光填充美好的记忆。

地铁在深夜快速前行，褪去白日的喧嚣后，乘客稀稀落落。我固执地认为，这是一趟开往春天的列车，穿过黑夜之后，我们终会遇见光、温暖、爱与梦。每当此时，我总会想起独自旅行的日子。

在路上我遇见过辞掉国企的工作，边旅行边写作的人；遇见过相恋十年，最终女友另嫁他人的男子；遇见过与父亲相依为命的单亲女孩；遇见过彼此相伴五十年的老年夫妇。我遇见过许许多多的人，听到过许许多多的故事，我并不知道他们的名字，也没有他们的联系方式，但他们已存在于我的记忆里，成为我美丽时光的组成部分。

目录
CONTENTS

第一辑

要有多坚强，才敢念念不忘

青春很薄，很轻，风一吹，
我们就走散。
它的永不重回，恰是我们
怀念它最好的借口。

爱情百转千回，总有一人在等你

几乎所有的少男少女都喜欢岩井俊二的《情书》，而我却偏爱他的《花与爱丽丝》。

当爱丽丝对宫本用中文说出那句"我爱你，再见"时，他有些期待地问她是什么意思。而她没有回答，只是从他身边永远离开。至此，他们之间的爱情，也便成了谜。

我爱你，但我更愿意成全你。

再见，但我会以思念的方式与你重逢。

至于爱情的结局，就像那艘沉入海底的船，永远成了大海的秘密。然而，谁能否认，每一个起风的日子，都是两人相会的盛大节日。

爱，百转千回。相遇，便有故事。

贾贝是一个流浪歌手，用一把吉他便可唱出整个人生。不动的山川、飘浮的流云，以及无限蔓延的路，是他仅有的听众。

有人说，你有怎样的生活方式，便会邂逅怎样的爱情。其实不是。我们爱上的人或事，往往是我们生活中所欠缺的。所以，始终漂泊在路上的贾贝，是那样轻易爱上了有着温暖家庭的小文。

　　那段时间，他寄居在她父亲开的旅馆中。旅馆很小，也很偏僻，却因前面有一条潺潺而流的小溪，后面有一片翠绿的树林，而别有一番意境。

　　清晨，他坐在溪边用略带沧桑的歌声与丛林之鸟合奏，她从睡梦中醒来，循着歌声走上阳台。漂泊在路上的人，此刻愿意靠岸；蜷缩在房间里的人，瞬间有了撑船起碇的愿望。

　　爱情已经产生，只待两人相认。

　　然而，两人相守的时间有限，早一刻相聚，也早一刻分袂。

　　只是，爱情会因这些无法掌控的缘由，而越发浓烈。正如辛波斯卡在《一见钟情》中用饱含深情的笔触写道："他们彼此深信，是瞬间迸发的热情让他们相遇，这样的确定是美丽的，但变幻无常更为美丽。"

爱，百转千回。所以，有些故事，注定会被淋湿；有些深情，注定要逐水而去。

承诺，于他而言，是奢侈而昂贵的东西。他不敢触碰，也承担不起。他能做的，便只是以饱满之爱为词、以无奈之情为谱，用一把吉他倾诉他委婉的心曲。

那一天，阳光照得溪水透亮。清风穿叶而过，惊动了小鸟的睡眠。一切看似与往昔无异，其实，一切都在偷渡。往前走一步，有时便会颠倒整个世界。

小文身上的婚纱，像是正值花期的栀子花，有着盛放的姿态。前来祝福的亲朋好友，都在夸赞小文很美。而小文望着窗外，看见一只鸟自由飞过。

平原并不比险滩更易走，如若不是与深爱之人同行。
婚纱并不比粗布衣裳更美，如若不是为深爱之人而穿。

略带落寞与沧桑情绪的吉他声，穿过熙熙攘攘的人群，在拥挤的空间里回旋。

鞭炮声响起来时，他始终没有露面。只因，他穿着的那条牛仔裤上，满是路中风尘。没有家的人，怎会为爱情找到避雨的屋檐？

　　噼里啪啦的鞭炮声，掩盖了弥漫的吉他声。小文挽着父亲的胳膊，走下楼。溪边长长的迎亲队伍，好似看不到尽头。大家都说小文有福了，可唯有小文知晓，刚刚苏醒的幸福，已然沉睡。

　　爱，百转千回。所以，错过，倒成了一件不可避免的事。

　　前来参加婚礼的客人穿着得体，那里没有穿牛仔裤的吉他歌手，只有婚庆公司为这场婚礼请来的一名小提琴手。

　　闭上眼，如三月般烂漫的婚礼现场渐渐模糊，小文只看到了坐在溪边轻轻歌唱的贾贝。

　　那一刻，她看清了爱情的去向。

　　新郎在万千人的瞩目中，响亮地回答：我愿意。而轮到她时，她没有作声，只是转过头看着坐在下面的父亲。父亲脸上掠过一丝恐慌与歉意，迟疑片刻后，终向她点点头。

　　在提起婚纱裙摆奔跑时，曾经迷路的爱情终于找到了归途。

　　然而，在归途终点等待我们的，往往唯有阑珊的灯火。

　　他属于一阵风，而她只是一场梦。梦醒时，风也就吹去了远方。

　　小文满心欢喜地推开那扇曾传出过吉他声的门，看到的却是更为荒凉的死寂。贾贝背着那把吉他走了，他不属于任何一个地方。

爱，百转千回。所以，有人永远等你靠岸。

贾贝或许永不再回来，或许明天就会回来。而小文能做的，唯有等待。

张爱玲说："雨声潺潺，像住在溪边，宁愿天天下雨，以为你是因为下雨不来。"在等待的时光里，小文也爱上了下雨天。

雨，不是眼泪，有时却比眼泪更为悲伤。

日复一日，年复一年。在她的世界里，等待已成为一种习惯。父亲已经年迈，收拾好行李后就回了乡下，她便接管了临水而居的小旅馆。

每至黄昏，她就坐在溪水边。清风吹来，微澜泛起，那粼粼波光中，仿佛都是他抱着吉他轻声歌唱的影子。

人们总会在够久的时间里，找到爱情的谜底。等在溪边的小文是这样，流浪在路上的贾贝也是如此。

三年之后的一个清晨，贾贝恍然听到了溪水之声。起程，成了他最强烈的心愿。

待他原路返回之后，他自会惊喜地发现，那曾经留情的地方，还有那个等待他归来的故人。

爱，百转千回。所以，重逢并不是无稽之谈。

不是所有故事，都有圆满结局

每个开始，其实都只是续篇。

每个续篇，都稍稍违背了初衷。

讲了一半的故事，最好不要再听，毕竟不是每个人都承受得了结局。

所谓朝花夕拾，不过是捡了一地的枯萎。

小云撑了一把伞前来向我告别。

她的红裙在凉风中翻飞，像是一只快要断线的风筝，像是一只飞不过沧海的蝴蝶。

我本应阻拦，但谁能阻止一个女子为爱慷慨赴死。我想告诉她不值得，但爱哪里要问值不值得。即便她是千堆雪，她依然情愿在烈阳下痛快地瓦解。

倔强与决绝，是她的爱情一贯的姿态。

我提议说，咱们一起回趟老家吧。她沉吟片刻，微微点头。

她很小时父亲去世，母亲改嫁，她由奶奶抚养长大。她家庭院里有一架秋千，我经常在午觉醒后和她一起荡秋千。我们轮换着坐在秋千上，任凭风将我们的羊角辫吹起。那时，我们觉得天空就在头顶，伸手就可摘到云朵。

老房子的墙壁更斑驳了一些，老院子里铺满陈年积下来的落叶。我们不约而同走向那架秋千。当年觉得很高的秋千，如今她轻易坐了上去。我在她身后轻轻把她推起，风吹乱了她披在肩上的长发。她要我再用力一些，然而，飞至最高处时，她并没有觉得比小时候离天空更近。

与爱情有染，即与忧愁有染。从前轻易握在手中的东西，现在倾尽力气也难以拥有。失去的，就逝去了。我们可以还乡，却连童年的尾巴都触不到。

秋千静止时，我们已经走了好远。

小云终究跟着谈了七年的男友梁伟去了美国。梁伟得到了纽约一所大学的奖学金，而小云为和他厮守，便以非法移民的方式，追随梁伟去了纽约。梁伟边打工边读书，小云为了生计则成了一家制衣工厂的女工。

不夜城灯火辉煌，夜空中的北极星被掩盖了光芒。对小云而言，爱情中哪里需要什么方向，爱人的路，即是自己必须走的路。幸福时常隔岸观火，痛楚才证明自己置身其中。因而，

即便路上满是荆棘，嗜爱的女子也光脚走过。

制衣车间内，满是机杼声。小云仍穿着那件红色衣裙。旁边一位上了年纪的大妈问她为什么要到这里，她拢拢头发，腼腆地轻吐出两个字："爱情。"大妈先是笑了，许久之后，大妈哽咽着叹了一声："傻孩子。"

故事，是会重复的。但大妈不忍告诉她结局，因为沉浸在爱情中的人，有一双具有过滤功能的耳朵，将劝告挡在外面，而只听得到祝福。

剩下一半的故事，我们总要挣扎着听完，方才甘心。即便最终以惨淡收场，也算一种完满。

每隔一段时间，移民局的人便来工厂抽查。每当那时，小云总会躲到堆满废品的漏风的小隔间。风将她的裙摆吹起，她便慌张地将裙摆握在手中，生怕移民局的人发现。

斜晖晕染了大朵流云，工厂不远处的江面波光粼粼，岸边的无名花零星地开着，柳枝垂下来随风摇曳。一切各得其所，唯有小云的脸上写满惊恐、惧怕与无助。

她打电话给梁伟，梁伟不是在上课，便是在打工，说不了几句，电话里便传来嘟嘟的忙音。

亦舒说得没错："住在这五光十色的城市里，没理由沾不上一点缤纷。"

一次晚饭，梁伟说，他一位很要好的同学的父亲最近十年来一直过着单身生活，很想找一位女伴。为了结束东躲西藏的日子，让小云先与他同学的父亲假结婚，与其生活一段时间后，便可拿到绿卡，之后再以不合适为由离婚。

与其说是和小云商量，倒不如说是通知。因他深知，小云的爱是言听计从，全然接受。

原来，人性是如此凉薄，如若有人拿更好的东西来换，定然满心欢喜地割舍。

诗意的爱情，沾染了市井烟火，竟可变为一场得失守恒的交易。

第二天，小云坐在车间里愣愣地出神，再不似往常那样麻利地给大衣缝上密密的针脚。

她扭过头问大妈："爱情会变吗？"

"是人在变。"大妈往上推推老花镜，望望窗外高远的天。

她又问："故事的结局是什么？"

"你自己可以制造结局。"大妈这一次回过头来，定定地看着小云因哭泣而微肿的眼睛。

恰在此时，收音机里传来刘若英的歌声：

还在我懵懵懂懂时

只想着童话般的诗

管它未来生命中将会面临的事

为了明天我情愿

情愿跟着你往前飞

飞到未来 飞到一样的梦里

其实我根本没有看仔细

对感情一点也没有看清

只是从来不曾怀疑而来到这里

早已给你我全部的心

难道不能够把一切证明

故事只讲了一半，但她曾爱得那么完全。

小云拨通我的电话时，北京正值深夜。

听筒里传来断断续续的哭泣声，像是六月的梅雨。两个小时的时间，她只对我说了一句话，我要回家坐秋千。

最终，她安排了整个故事的结局。离开时，她提着大包小包；回来时，她只提着一个很小的行李箱。她并未丢失什么，因为那些东西从未真正属于她。庆幸的是，她看清了初心。

做他人的配角，做自己人生的主角

翡翠般的大海，随风涌动。宝石般的天空，云朵簇拥。幔纱，藤条，鲜花，洁白的台布布置的婚礼现场，让每个在场的人，都感觉幸福并不是一件奢侈的事情。

主婚人问新郎，你是否愿意娶李靓蕾为妻，无论是顺境或逆境、富裕或贫穷、健康或疾病、快乐或忧愁，你都将毫无保留地爱她，对她忠诚直到永远？

新郎无限温柔地看着新娘，笃定地回答道："我愿意。"

那一刻，我心中积攒的眼泪，终于涌上眼眶。

沈从文曾说："我行过许多地方的桥，看过许多次数的云，喝过许多种类的酒，却只爱过一个正当最好年龄的人。"

我也爱着一个正当最好年龄的人，只是此刻他正春光满面举办婚礼，他的妻子李靓蕾便是我的闺密。而我手捧花束，站在她的身旁，见证着他们的幸福。

想必，世上令我们满怀希望，最终又失望至此的，也唯有爱情了。

在小说的世界里，向左走，向右走，仅仅一步之遥，爱便成错过。现实中又何尝不是如此？

海浪翻涌，海风吹向远方。眼前这欢乐的人群，渐渐变得模糊。我一袭白衣，一边看着水，一边想着遥远却深刻的往事。

因为蘸着泪水，那些值得回忆的人事如此潮湿。

高中的日子，明媚得可以闪出光来。只因每篇日记里，都有夏海东的名字。

他坐在我后面，喜欢吹竖笛。于我而言，他吹出的每一个音符，都醉了黄昏。他就那样毫无征兆地随风潜入我的心里。那时的喜欢，并没有确切的理由，但那时一旦喜欢，无论最终有怎样的结局，那份情感都会比岁月更为绵长。

年轻的我们，都以为情感无须出口，埋藏在心中才会更为

长久。彼此对视时，自己在对方眼睛中的倒影，比言语做出的承诺，更为郑重。

年轻的我们，都以为花掉整幅青春，便可以与对方相依为命。彼此任性胡闹，不过是一种自我存在感的证明。

然而，当我们真正站在分岔路口时，才恍然懂得看似厚重浓烈的情感，竟是那样轻，犹如尘土一样，手一挥便散了。

于众人的欢呼声中，新郎在新娘的脸颊上深深印上一吻。

我与另外三个伴娘都哭了，只是她们因了感动，而我因了悲伤。

高一期末考试之后，我选择了文科，夏海东选择理科。彼此没有任何解释，就像那段清纯如碧湖的爱恋，不曾许下过任何承诺。文科楼与理科楼隔着整个操场，而我们隔了整颗心。

爱情，因思念而渐渐饱满，因疼痛而渗入骨血。如若没有这些波澜起伏，我们从不会知道，原来我们爱得这么深。

日记本中，草稿纸上，书页间，都存留夏海东的影子。那一刻，我那么慌乱，只因我比想象中更喜欢他。第一次，我打断正认真做练习册的李靓蕾，问她我该怎么办。她放下手中的笔，很认真地对我说："你们可以通信，我去帮你送。"

做一件事时，我们从不知晓它的深意。回首处，我们才了悟命运的安排。

从前李靓蕾是我和夏海东的信使，如今，李靓蕾挽着夏海东的胳膊，将自己的人生永远与他牵系在了一起。

　　他们端着一杯红酒，向每一位客人敬酒。走到我这一桌时，李靓蕾与我碰杯，我笑着对她说："祝你幸福。"这一次，她上扬的嘴角，换了弧度。

　　不是所有的故事，都会像我们年少时想的那样完满，但所有的故事，都会有一个结局。

　　高中毕业后，我留下来复读，夏海东与李靓蕾则考入了同一所大学。一年之后，等我考上另一所大学时，却听到他们恋爱的消息。

　　李靓蕾在他吹竖笛时，侧耳倾听；在他打篮球时，买水等候；在他准备考试时，提供大量资料。他感受到她实实在在的好，而我除却那颗喜欢他的心，再无其他。

　　新郎与新娘斟满酒杯，走向其他客人。地上并排倒映着他们的身影，他拿着纸巾帮她拭去泪水，她帮他整好被海风吹歪的领带。

　　徐志摩说得没错："人生不过是午后到黄昏的距离，茶凉言尽，月上柳梢。"而爱情的距离，不过是从前后桌到隔着整个操场，到隔着整座城市，最终，隔着整颗心、整个人生。

　　我终究只是他们生命中的过客，自此之后，只愿他不再是我记忆中的常客。

未必永远才算爱得完全

北方的秋天，清晨出门时，会看到落叶铺满整条街，那时你会深深闻出秋天的味道。扫街之人一阵打扫后，街上便留下稀落的扫帚的纹理，让人觉得有些清闲，也有些寂寥。

一叶知秋，秋而生愁，仿佛是世间约定俗成的。

没有人喜欢忧愁，但不喜欢并不代表不存在。所以有很多人喜欢秋天，因为落叶时节是最适合盛放忧愁的容器。

喜欢秋天的人中也包括小冉。

秋天好像一片变黄的梧桐叶，一阵萧瑟的风，一场疏落的雨，叶子便会从枝头飘落。

小冉的妈妈就是在一个这样的季节永远离开的。

小冉一家是我们村的标杆家庭，父亲有一份体面的工作，母亲貌美且持家，小冉乖巧听话。村里人从未听到她家传出过争吵声，单凭这一点，就足以让人们羡慕至极，心眼小的人，甚至会生出几分忌妒。

然而，得到的，都是用失去的换来的，太过完满，终究要用更大的缺憾来换。或许只有这样，人生的天平，才不至于失衡。小冉上初中时，她母亲被诊断出身患肺病，两年之后，咯血而死。

秋叶落满她母亲的坟茔，覆盖住曾经鲜活的生命。自此之后，小冉的父亲终日以酒为生，家中那张曾经坐着一家三口的沙发，便成了他酗酒之后独享的场所。小冉在学校的成绩也一落千丈，中考落榜后，只得进入县里一所寄宿高中。

从前的幸福，就像手中的那支香烟，点燃后便化作一缕幽幽的白气，最终兀自散开了。

谁不曾有过花好月圆的时光，只是很少人会做好有一天被洗劫一空的准备。岁月看似深厚，实则凉薄如纸，那些说好不散的人，最终或不相往来，或阴阳相隔。

上高中之后，因不在同一所学校，我和小冉渐渐失去联系。

秋天已足够悲凉，冬风还要肆无忌惮过境。雪莱说，冬天来了，春天还会远吗？可人生之春始终遥遥无期。

放寒假回家后，初中班长组织同学聚会。我本想去小冉家通知她，母亲告诉我，小冉肯定不会去的。我以为小冉还未从悲痛中缓过来，但母亲说她在学校体检时被查出患了和她母亲一样的病。

寒风长驱直入，微雨渐渐下成雪。萧瑟的秋和寒彻的冬，色彩都不浓烈，因悲恸永远是惨淡的。

我踌躇一番，最终还是去了小冉的家。她爸爸不再瘫在沙发上喝酒，而是竭尽全力撑起这个家。雪挂树梢，天气阴寒，已经逝去的无法挽回，而他当下的一举一动，都像是一种郑重的仪式和庄严的承诺。

小冉躺在房间里，此前糯软的嘴唇变得苍白干涩。她望着窗外的雪，无法预知春天何时到来。她问我，像她这样的人，可不可以有爱情。我转过头，看到她的眼里噙着泪水。

我们像从前那样拉着手，窗外是严酷的冬季。

等她睡熟后，我抽出被她紧紧攥住的手，帮她盖好被子，轻轻走出屋门。那时，她的父亲正在给她熬制中药。正当我踏雪迈出大门时，恰好碰

到初中同学李浩走进来。我的眼泪倒映在他的瞳孔里，他的心疼瞒不过我的眼睛。那一刻，我终于明白小冉问我的话。

街上行人很少，雪地靴踏在地上有着咯吱咯吱的响声。

我回到家后问母亲，李浩一直在照顾小冉吗？母亲没有停下手中的活计，只是应了一声。语气中，是赞叹，是惋惜，也是无奈。

爱情从没有定义，一千对恋人，便有一千种对爱情的理解。它可以轰轰烈烈，天涯海角相追随；它也可以平平淡淡，看尽细水长流。不管它以怎样的形式出现，它都有一种属性——笃定。笃定彼此的心，叠在对方心上。

小冉问我，她可不可以有爱情。其实，她是害怕辜负一个人的心。她亲眼看到母亲去世之后，父亲的生活是如何从精致美满变得粗糙残缺。爱情有着最柔软也最坚韧的力量，可建立一座避风的城堡，亦可摧毁一座坚固的城池。尽管小冉已经爱上李浩，但因预料到了残破不堪的结局，所以每次李浩去看望她时，她或是在睡梦中，或是将房间上锁。

如若小冉在睡梦中，李浩便坐在床边，直到她醒来；如若她将房门反锁，他便帮着她父亲熬制中药。爱情里，多半是中听的承诺，殊不知，真正的承诺，正是这被所在之人看在眼里的一举一动。

因知晓命运给予他们的时间所剩无几，所以，他想要给她极致的爱情。所谓极致，于他而言，便是每日下午前来守候。一句"我爱你"，远不如一日陪伴，这是他的爱情箴言。

李浩的父母不是没有反对过，他们曾不止一次问他，这么做有什么意义。

在决定爱的那一刻，爱本身就产生了意义。

这是李浩心中的想法，但他始终没有回答。他只愿有一天，父母会理解他。

花落尽，叶落尽，又到深秋。

小冉咯出的血染红了医院的白床单。她的手在李浩的手中渐渐变凉。

人们都在追寻永远的爱情，以为永远即是完全。但在那个凉风秋月夜，李浩永远失去了小冉，却收获了一份完全的爱情——不会变质，不会过期，跨越时间，超脱空间。

再见到李浩时，是在初中同学十年聚会上。

他很大方地向大家介绍他的妻子，脸上是平静的幸福。

我不知道在秋风起时，他会不会想起小冉，但我知道这是小冉最希望看到的结局。

因为，爱一个人就是要他幸福。

有幸与你相逢，已用尽毕生运气

幼儿园里一片寂静，阳光透过密密的枝丫筛下斑驳的树影。色彩鲜艳的滑梯安静地置于院落中央，人工草坪上偶有小鸟飞过。

教室内窗明几净，小萍拿着画有图画的英文单词书教孩子们读英文。她读一句"Miss"，孩子们就用稚嫩的童声跟着读一遍。

Miss，Miss，Miss，小萍读了三遍，告诉围着她坐的孩子们想念妈妈时，就可以对妈妈说这个词。孩子们似懂非懂，自顾自地在书页上折下许多角，或随意画下许多线条。只有一个脸圆嘟嘟的小孩子结巴地问老师，万一妈妈理解错了怎么办。小萍注视着这个孩子，猛然想起这个单词并不只有想念一个意思，它也代表错过。

我想念你。

我错过你。

此刻，我如此想念你，是因为我

已经错过你。

那一晚，她在幼儿园门口等了一夜，却只等来一封辞别信。

幼儿园不远处驻扎着一支武警部队，队长的儿子小飞便在小萍的班里。由于队长太过繁忙，每天送小飞上幼儿园的任务便落到了班长宋斌身上。小萍每日站在幼儿园门口迎接孩子时，宋斌都会嘱托小飞几句，看着他欢快地跑进教室后，他才转过头来跟小萍寒暄几句。他的话很短很简单，多半都是感谢之言。小萍大多时候也只是笑笑，说都是应该的。

时间的针脚密密麻麻，置身其中的人从不知晓它的寓意，待回头看时，才恍然明白他们所走的每一步都是为了向彼此靠近。

小萍从未拒绝过宋斌的搭话，这即是一种委婉的应允。故而，当宋斌提出周末邀请小萍到部队转转时，她便没有顾虑地答应了。宋斌的战友很是热情，纷纷拿来自己平时舍不得吃的水果递到小萍面前，胆子大的战友甚至向她开起善意的玩笑，管小萍叫起嫂子。小萍听到后并不恼，只是假装嗔怒地让宋斌好好管管他们。

周末晚上七点战士要全部到操场集合，这是这支部队的惯例。于是，将近六点时，小萍主动提出要回去。宋斌没有阻拦，戴上军帽便陪着她走出部队大门。

从部队到幼儿园，很短的一段路，他们却走了很长的时间。也正是这迟迟不愿迈出的脚步，让他们更清楚自己以及彼此心中涌动的爱意。因而，当宋斌鼓起勇气将自己的手覆在小萍的手上时，尽管对方有瞬间的惊慌，到底没有躲避。

　　随着彼此相处时间越来越长，小萍渐渐了解到宋斌老家在内蒙古，父亲年轻时是一名优秀的骑兵，但因身患重病，在他十二岁时，便病逝离他而去。他与哥哥皆听从父亲临终时的遗愿，自十八岁参军。所不同的是，哥哥留在了内蒙古，而他离开那片美丽的草原，来到了现在所在的城市。

　　临近年底，宋斌转业的时日一天天逼近，他的神色也一天天黯淡下去。每次送小飞上学时，他总是不敢直视小萍的眼睛。

　　雪一场接一场地下，总有些东西暂时被掩盖着，只是日出一到，雪就会融化，那些被掩盖的事，也终究会被消解。

　　周末，寒风凛冽。然而，比风更寒更冷的，怕是两人的心。

　　他们并肩走在再熟悉不过的街上，行人从他们身边匆忙走过。他们并不急着走向未来，因他们已在彼此眼中看到了路至此戛然而止。

　　有些事情与其逃避，倒不如坦然面对。即便遍体鳞伤，总也好过在沉默中无疾而终。小萍裹紧大衣，看着宋斌的眼睛问他是不是转业想转回家乡。宋斌沉默良久，终于郑重地点了点头。俄而，他拉起小萍的手，认真地对她说，希望她能随自己一起回到那片美丽的草原。

小萍坦言，她自己并没有什么意见，但要和父母商量一下，毕竟家中就她一个女儿。尽管这只能算个折中的答案，也已让宋斌惊喜万分。

回到家，小萍告诉父母自己的意愿时，遭到了他们的坚决反对。纵然在这个城市里，自己家并不富裕，倒也能衣食无忧。内蒙古草原虽然美丽，终究太过荒凉与寒冷。父母的爱，是种禁锢，也是一种保护。

小萍拗不过父母，只得劝宋斌留在这座城市。宋斌呵出一团团雾气，最终无奈地摇了摇头。

临走前一天，宋斌与小萍约好下午五点在幼儿园门口相见。

她等了许久，从午后至傍晚，从傍晚到深夜，从深夜又到黎明。他始终没有出现。待到清晨时，与他关系甚好的一个战友则替他转交了一封信。

小萍读完信后，方才知晓宋斌执意回家的缘由。在信中，宋斌告诉小萍，前一段时间，他哥哥在一次军事行动中牺牲了，他曾劝母亲离开内蒙古，来到他所在的城市。但那片草原上，睡着她的丈夫和儿子，她今生不会离开草原半步。宋斌再不愿母亲在孤寂中度过余生，便义无反顾地选择转业回乡。

寒风袭来，小萍将信捂在胸口。如若说遗憾，小萍最大的遗憾是，在最后的岁月里，她没有用更多的时间好好爱。

所幸，宋斌给予的温暖从未冷却，小萍给予的祝福也从未远离。在余下的时光里，他们仍会在各自的生活中，笨拙而用心地爱下去。

暗恋是一个人的浪漫

小荷和我差不多同时进入公司，尽管被分在了不同的部门，但关系很是要好。我们一起上下班，一起吃饭，周末时常一起逛街。我们研究什么样的衣服穿在身上好看，商量晚上回去之后做什么样的糕点，知道哪家的小吃物美价廉。

这样的日子大概过了大半年，公司又招进来一名新同事，安排在了我旁边。有人本想用花言巧语讨人欢心，却常常遭人嫌弃；有人沉默寡言，只愿做好自己的事情，却偏偏获得了所有人的青睐。韦华属于后一种，这固然因他身上的儒雅气质，但更重要的是他有一张五官精致的脸。

津津有味的生活，自然会品到甜蜜与甘甜，但也会尝到酸涩，甚至是辛辣。尽管投入石子的水面终会归于平静，然而它

早已不同于从前。

深夜中毫无睡意的小荷，反反复复地看《秒速五厘米》。

樱花飘落的速度是秒速五厘米，可是她并不知道，以怎样的速度才能抵达韦华心上。

或许，她并不求与他携手同行，而只愿追随其后。

每天午休时，小荷总会提着两袋零食来我这里坐坐，当她把那一大袋推到我办公桌上后，她手中剩余的那一小袋就显得格外尴尬。因而，在她那编了好久的理由还未出口时，我便抢先说把那一袋给韦华吧。

她笑着点点头，眼中却并无感激之意。

她在暗恋的世界里，自顾自地封锁着这段恋情。外面的人进不去，里面的人也逃不出来。太过珍惜，以至于不敢触碰，小心翼翼守护这段恋情的结果，不过是眼睁睁看着深爱的人，与自己擦肩而过。

在这个光怪陆离的人间，总有一些坎儿

不能绕过，总有一些情债要独自偿还。即便我心疼小荷，却也只能默默站在她身边，看着她欢愉、痛苦、挣扎、自欺欺人，而无能为力。

　　日子如行云流水般滑过，春季穿上了秋装，落叶飞翔之后也找到了归宿，而有的人仍在路上漂泊。

　　小荷以为把心底的井掘得更深一点，冒出的水便会更清凉，却不知有一天，这口井会把她淹没。旁观者清，我已经预料到了这样的结果，却没有办法阻止她停下。或许，有些痛，只有亲口尝过，才会善罢甘休。

　　然而，生活的魅力在于，你从来不会知道故事会顺着怎样的情节发展下去。

　　那天下班后，因为要去火车站接朋友，没有与小荷一起走。走进地铁时，我猛然看到韦华和一个女生很亲密地走在一起，他手中提着那个女生的包。

　　井水已经漫上来，很快就会冲垮小荷在心中建筑的堤坝。

　　第二天，小荷像往常那样拿着零食向我这边走来，旁若无人，镇定自若。

　　我不管不顾地将小荷拉进洗手间。

　　我们面对面站着，定定地看着对方，谁都不开口。水龙头没有关紧，滴落一滴滴水珠，就像冰凉的泪水，在心底蜿蜒成河。

午休时间已过，同事都开始坐到自己的工位上办公。我终于开口："你不知道韦华最近和一个女孩走得很近吗？你不知道韦华每次都把大部分零食留给我吗？"我的语气中全是责备，说着说着便带了哭腔。

她走到窗边，望着空中飘散的流云。许久之后，她缓缓地告诉我，其实每天晚上韦华都会给她发微信。我刚要插话，她便转过身来看着我说，和他走得很近的女孩是他刚考上大学的妹妹，而他坚持给她发微信，是因为他喜欢的人，是我。

一瞬间，我有些不知所措。而她仍旧自顾自地说着，她说韦华刚来公司不久后，又接到一家外企的面试通知书。那是他期待很久的公司，但因身边坐的人是我，便放弃了。

我们时常以为把一段感情锁在心里，安全且长久，却不知道，这段属于一个人的爱恋，最终会沉入心海，化为一片荒芜的青藻。

有人说，喜欢就会放肆，爱就会克制。暗恋该属于后者吧，独自在夜空下跳着没有人回应的落寞舞步。

自此之后很长一段时间里，生活仍沿着最初的轨迹运转。小荷仍会送零食过来，韦华还是会把多半零食留给我。

后来，公司由于业务调整，我被调到另一个部门，小荷则以不适应新业务为由，向公司递交了辞职信，而韦华也经过几番周折，进入了心仪的外企公司。

韦华转身离开时，我突然想起电影《搜索》中陈若兮和杨守诚的对话：

"什么时候爱上她的？"

"当我知道我再也见不到她的时候。"

想要永恒就要有永恒的距离

泰国的原始丛林，茂密而旺盛，像是某种不可遏制的欲望。

一位名为帕博的缅甸富商，遇见了一位名为玉珀蒂的貌美且独立的曼谷女子，为其深深沉醉。经过浪漫的追求之后，他终抱得美人归，将她接回他在森林中的家里。

在此之前，他已迎娶过多名女子，但如今他宠她到骨子里。而她毕竟是二十多岁的年纪，人生的春天只三分熟，依旧行走在梦里。翠碧的丛林，清澈的溪水，像是要掉下来的云，固然给她带来短暂的欢乐，但她心中仍有不熄的爱情之火。因而，当他的侄子尚孟以潇洒倜傥之姿出现在她面前时，一切便以激流暗涌之势发生改变。

在这所建立在丛林中的寨城里，尚孟与玉珀蒂年龄相仿，外貌相配，且有相同的教育背景，相互吸引也是极为自然的事情。在频繁的接触中，两人终于突破伦理走上不归之路。

风起，水动，木摇，到处皆是回响之声。

帕博发现真相之后，没有对其鞭笞痛打，而是为他们特制一副镣铐，将他们紧紧铐在一起。不是永远相爱吗？不是生死不分吗？那就成全他们，让他们时时刻刻在一起。

最初之时，彼此近在咫尺，缱绻相拥，缠绵依偎，在林中嬉戏，永恒成了唾手可得的事。

然而，时间总是给一切事物以真相。随着岁月的流逝，他们好似两只被关在笼子里的困斗兽，想要挣脱，却是无力。身体的距离被拉近，心却渐行渐远。

即便再相爱的两人，每时每刻寸步不离，彼此生活空间毫无保留地叠印在一起，爱终会被消磨殆尽。在唯一一次可以斩断锁链的生死关头，她口口声声问他：如果没有锁链的束缚，他会不会扔下她？而他气急败坏，只想挣脱，漫不经心地回答道："什么爱情？全都是错误。"

他们曾期盼爱情能永恒，如今不是可以在一起了吗？为什么又如此痛苦？

他们曾因无法得到彼此而心跳加速，如今不是靠得足够近了吗？为何却被彼此压迫得无法呼吸？

鸟的啼鸣越来越悲戚，森林再也没有了明快的色调，阳光再强烈也无法洞穿他们的心。

玉珀蒂怀孕后，他们再一次来到帕博的面前，祈求钥匙。而帕博给予他们的只是一把枪，彼时唯有死亡是永恒唯一的答案。

回到自己的住处后，尚孟让玉珀蒂结束他的生命。两人紧紧拥抱在一起，玉珀蒂缓缓举起枪。一声巨响，响彻整片森林，整座山谷。

最终，尚孟抱着玉珀蒂带血的尸体，来到帕博面前，声嘶力竭地求他给自己钥匙。

而帕博只缓缓说出两个字："永恒。"

两人不是要永远在一起吗？永恒即是无论生死，无论相聚与别离，只要锁链没有打开，两人就得在一起。

至此，这部名为《永恒》的电影，落下帷幕。

片尾曲哀伤地响起，片尾字幕次第出现，银屏一片晦暗。我在沙发上久久窝着，不知如何收拾自己乱麻般的情绪。

纪伯伦说："彼此相爱，但不要做成爱的系链：只让他在你们灵魂的沙岸中间，做一个流动的海。彼此斟满了杯，却不要在同一杯中啜饮。彼此递赠着面包，却不要在同一块上取食。快乐地在一处舞唱，却仍让彼此静独。连琴上的那些弦也是单独的，虽然他们在同一的音调上颤动。"

我想，这该是对这部影片最佳的阐释。

世间的情爱，经不起算计，更经不起毫无间隙的平凡时光的消磨。给彼此留有足够呼吸的距离，这份情才不至于因厌烦而变质。

至于那些天天挂在嘴边，取悦对方也取悦自己的"我永远爱你"的誓言，也不过是一遍又一遍麻痹自己的毒酒，每日饮一点，终有一天会中毒而亡。

念及此，我不得不佩服好友琳的爱情哲学。

她与男朋友彼此相爱，却并不像别的情侣那样时时黏在一起。每次晚饭后，她窝在床上看电视剧，他则在隔壁房间里玩游戏，各自困时便相拥而眠。周末她大可与姐妹们一起逛街，把他扔在家里；而他也可以与哥们儿相聚而欢，深夜时才叩响门扉。她很少去追问他是不是爱自己，他也很少用苍白的语言去表白心迹。

起初，旁人都认为他们过不了多久就会分手，如今他们已经走过了五年。

越是步步紧逼，对方越是想逃。时刻清空自己的心，才有足够的容量，去容纳爱情。

他们手中始终握着一把钥匙，如若感觉锁住了对方的自由时，他们便用这把钥匙给彼此松绑。因而，琳与男朋友的爱情看似散漫，实则最为牢固。

永恒是什么？是否存在？我看完影片窝在沙发里问自己。

看到生活中琳和男朋友的爱情，我想我不能说出它是什么，但我觉得它应当存在，如若我们舍得离对方远一些。

就像舒婷《致橡树》写的那般：

我们分担寒潮、风雷、霹雳；

我们共享雾霭、流岚、虹霓。

仿佛永远分离，

却又终身相依。

这才是伟大的爱情，

坚贞就在这里：

爱——

不仅爱你伟岸的身躯，

也爱你坚持的位置，

足下的土地。

第二辑

你曾是我藏在
风里的欢喜

伤痛，
原是比幸福更固执的存在。
然而，若不是经历过那些绝望的时刻，
幸福也就徒有其名。

穿越汹涌人潮，只为与你相见

"在幻变的生命里，岁月，原是最大的小偷……"
这是电影《岁月神偷》结尾时，出现的字幕。

电影中进二的奶奶曾说，如若你肯放弃所有心爱的东西，把它全部扔进苦海，将苦海填满，就可以和你的亲人重逢。于是，进二得知哥哥生病后，便开始偷所有他爱的东西，一只夜光杯、一面英国国旗、一个孙悟空模型，等等。

终有一天，他来到海边，将自己拥有的冯宝宝图片、头上的金鱼缸，以及那些偷来的东西，一件件丢进海里。然而，苦海终究没有被填满，哥哥也没有回来。

进二偷了所有能为哥哥偷的东西，却唯独偷不走时间。

我们费尽心机挽留时间，但该走的终究是要走的，挽留不过是徒劳而已。最终，我们只得眼睁睁看着岁月带走我们的青春，带走我们的幸福，也带走我们身边的人。

时间都去哪儿了？

村上春树说："我一直以为人是慢慢变老的，其

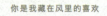

实不是，人是一瞬间变老的。"

下楼时，邻家的小妹妹没有甜甜地叫你一声"姐姐"，而是叫了一声"阿姨"，瞬间你感觉自己老了；收拾屋子时，你再也不像以前那样扔旧东西，瞬间你感觉自己老了；下班后坐地铁回家时，看到穿校服的学生都在看偶像剧，而自己正在津津有味地看一部家庭肥皂剧，瞬间你感觉自己老了。

这瞬间的感觉，让你茫然失措，却又不得不面对这个令人尴尬的现实。

五年之前，我和大学宿舍姐妹小楼，窝在一个被窝里看那部电影。看完之后，我们唯一的感觉是，饰演进一的李治廷和王力宏长得好像。那时，我们听流行歌曲，说话爱夹杂几个当下流行的网络时髦词，迷恋新鲜事物，偶尔逃课。

五年之后，闲来无事的周末，我又重温了这部电影。看完之后，我没有否认李治廷和王力宏的相像，但这已不是我所关注的重点。看到结尾出现的字幕，我没有落泪如雨，但心生生疼了。时间这妙手神偷的功力，令我猝不及防。

我们从来不知道过去的时间，打包寄存在了哪里。但我们固执地认为，它定然在故地留下了些许痕迹。因了这个念想，我决定回母校看看。幸然，母校与我工作的城市相隔并不远，两天的时间，足够打个来回。

在火车上，最能读懂人生百态。坐在我对面的中年妇女，骄傲地说着她那优秀的儿子考上了北大；坐在我左边的女孩，打着情意缠绵的电话。她们是两种不同的人生状态，或许女孩瞧不上大妈永远围着孩子转的唠叨，大妈也看不中女孩那嗲声嗲气的矫情劲儿，但谁又能否认时间终会让她们达成和解？

教学楼前的那棵老树，又长出了新芽；图书馆前的那片园林，又开了新花；篮球架前的少年，追着风奔跑。

青春很薄，风一吹，我们就走散。

所谓的永恒，只属于年少轻狂的岁月。

走出学校，因为时间还早，便走到大学时常常去的那家书店。书店里的格局没有太多的改变，以前我总爱游荡在情爱小说区域。这一次，我却径直走到心灵与知性区域。正当我浏览书目时，眼角余光忽然瞥到左侧那个人。我转过头时，她碰巧也正盯着我，我们在认出彼此的那一刻，不禁感谢命运的安排。

大学时，我曾在校报编辑部实习过，她是编辑部主任。我们各自从书架上抽出一本书，走到空位上坐下来。

书店门侧的桃树，似比前些年更壮了些，满枝的桃花探到窗前。微风起时，花香混着书香，以及时光之香，*丝丝缕缕弥散开来*。

在编辑部实习时，因她整天以教导主任般的高姿态，数落我们没有编辑常识，我们从不叫她"陈老师"，而叫她"陈妈"。清风翻书，陈妈絮絮叨叨说起编辑部的事情。每年编辑部都会招一些实习生，新进来的人写新闻稿时，错别字一大堆，"的"与"地"不分，全篇不知所云，故弄玄虚，甚至连散文都算不上。

我听着这些话，扑哧一声笑了。从前我又何尝不是这样，当被批评写新闻稿要直言其事时，我总认为那样的文章没有美感；当被告诫下次不要出现错别字时，我却认为不拘小节才有大者风范。

陈妈问起我的工作，我笑着告诉她，我在一家出版公司工作，正忙着告诉新入职的年轻人写稿子时不要有错别字，要分清"的"和"地"，要言之有物。

我以为陈妈听完我的话后会大声嘲笑我说，你也有这么一天，但她只是一脸平静地说："你长大了，我老了。时间比钱还不经用。"

火车站人山人海。毕业时，我怀着满腔的愿望坐上火车，没有让任何人送我，也没有流一滴眼泪。此刻，我在陈妈的注视下，一步步走进候车厅，始终不敢回头。

回到北京后，我给小楼打了电话，告诉她我最近重温了《岁月神偷》，告诉她我回了一趟母校，还遇见了经常教训我们的陈妈。

电话那边传来很小的哭泣声。窗外下起了小雨。

走散之后，我们各自踏上了没有终点的路。我们都在长大，都渐渐学会如何承受生命之轻，如何背负生命之重。只是，身体的苍老，并不代表心灵的苍老。

岁月偷走了一切可以偷走的东西，但岁月还是给我留下了回忆，也留下了情。

有生之年，有幸与你相逢

秋刀鱼会过期，肉罐头会过期，就连保鲜纸都会过期。我讨厌过期的东西，所以我讨厌这个世界。

后来，我发现寄出的明信片，不管是永远在寄送的途中，还是最终抵达了收信人手中，它本身所携带的情意，经过千山万水、风的浸染以及时光的沉淀后，已在无垠的时空中，获得了永恒。

于是，在这个令人讨厌的世界里，我喜欢上了在陌生的远方，给恋人和朋友投递明信片。每一次，当我把它们投进邮箱，听它们在邮箱底部纷纷沉落，像是听到了岁月掀起尘埃时的回声。

每次离开熟悉的城市，去陌生的地方逃避时，我可以不知道朋友们的电话号码，但我一定有他们的地址。我去过彩云之南，我去过湛蓝的青海湖，我去过婉约水乡江南。我去过很多地方，在每一个地方都寄出很多明信片，但我从不曾走到他的心里。

我精心地挑选每一张明信片，在明信片的背面写下最符合彼时心境的言语，然后在明信片的右下角写下收件人的详细地址。只是，那张寄给他的明信片，我写得最用心，却从不写下地址。因而，他永远不会收到，而我则在把明信片投入邮箱的那一刻，已经表明了我始终爱他的心意。

我们之间看似隔着一张明信片的距离，其实隔着的是整颗心。

他虽紧紧牵着我的手，我却已在他心门之外。

恋人之间，比争吵更可怕的是沉默。渐渐地，耳机里的伤情音乐，成了彼此最忠诚的伴侣。

三月，北方的花正开得绚烂。而我决定离开熟悉的城市，去远方看一场花落。

到达鼓浪屿时，已是午后。阳光刚刚好的样子，微风摇晃着枝丫。白色的窗帘，轻轻地飘起来，窗外是望不到尽头的海。我打开屋内古老的收音机，里面传出林夕填词的歌曲："被你一贯的赞许，却不配爱下去。"

我躺在床上，长时间地望着雕刻着淡雅花纹的天花板，心像是被剜去一半，空洞而荒凉，无论如何都填不满。

年轻时的爱情，往往刻骨铭心，却无法有任何结果。如若放肆去爱、去追求，难免落得遍体鳞伤的终局；如若小心翼翼维持一段安全的距离，则会错过绚丽的花火。即便如此，我们仍乐此不疲地涌进爱情的大门。只因心甘情愿，则虽苦犹乐。

我走出房间，漫步于弯曲而静谧的小径。碧青的石砖向前铺展，一幢幢藏着旧故事的浪漫建筑，仿佛是故纸堆中的陈旧年华，展开之时，便可让时间的河流突然回转。一扇扇雕窗，一座座花墙，一层层台阶，暂时让我忘却所有的记忆。

我在一家明信片小店停下来。店铺外的三角梅在清风中纷纷凋落，地上铺满鲜妍的花瓣。我掀帘而进，开始挑选明信片。

光阴的真谛是什么？是遗忘，还是记忆？

心的容量有限。或许，它是一边遗忘旧时光，一边填充新故事。

我想，这便是爱情为何有过期之故。

我在挑选明信片时，看到窗外不断有三角梅飘落下来。

花曾经开得那样热烈，仿佛不会凋谢似的。

誓言曾经说得那样真切，仿佛能兑现似的。

我选了六张明信片，四张寄给朋友，一张寄给他，剩余一张寄给自己。店铺中的人并不多，我找了能看到花瓣飘落的角落坐下来。

一如既往，除却那张寄给他的明信片，我在其余明信片上都写下详细的地址。贴上邮票之后，我正准备起身投往邮筒，旁边一个女孩很小心地提醒我，有一张明信片上没有写地址。

我一时不知如何应答，只得拿出那张明信片，思量着如何婉言拒绝这个女孩的好心。她见我久久不动笔，便对我说，她也是一个人来的，如果不介意，可不可以一起去海边走走。至于明信片，回来以后再投递也是一样的。

我把明信片稳妥地放在包里，便和她一起走出小店。

她看了看铺满小路的三角梅，携了我的手朝海边走去。

我想，她是想说，花谢的时候也不必悲伤，毕竟时机到时，便会迎来下一个花季。

夜晚的海边，是一座藏匿太多秘密的城堡。海水漫过沙滩又退回，像暧昧的恋人，忽远又忽近。我们脱掉鞋子，并排坐在沙滩上，将脚丫埋在细沙里。

她告诉我，她也曾在明信片上写下字斟句酌的话语，却不写地址便投进邮箱。风带着远方的气息，润润地沁入我的心底。她接着说，在最后一次给他寄明信片时，她决定写下地址，因为她想要让他知道，她曾热烈地爱过，即便她已经决定把对他的爱，转移到自己身上。

一只白鹭在海面上低低飞过，海波听懂我的心声后，在礁石上撞出浪花。

很久之后，我们原路返回。

那家小店亮着一盏灯，我走进去在那张明信片上第一次写下已经熟记于心的地址。投进邮筒的那一刻，一朵三角梅飘进店内，落在我脚边。

时光无情，落花有意，这一次的凋零，是为了下一个花季。

光影疏离，我慢慢踱回住处。

　　明信片终会寄到该去的地方，我也终会抵达契合心意的
地方。

梦想要轻放，更要珍惜

对面楼里的灯陆续熄灭，墙壁上钟表的指针已然指向十一，我揉揉稍稍发酸的双眼，继续对着电脑屏幕加班。

风透过半开的窗吹进来，心底时不时会泛起些许波澜。

说好的梦想呢？

每当此时，我嘴角总会挤出一丝苦涩的笑，心里发出一声无奈的叹息。北岛曾说："那时我们有梦，关于文学，关于爱情，关于穿越世界的旅行。如今我们深夜饮酒，杯子碰到一起，都是梦破碎的声音。"而我连梦碎的声音也未曾听到，它好似琥珀色的月光，我以为我始终紧紧抓着它，可张开手来看时，却发现手心空空荡荡，什么都没有留下。

上床睡觉时，已过凌晨两点。我习惯性地打开手机，看微信朋友圈。虽然知晓大家晒出的都是些无关痛痒的琐事，无非是今天在哪儿品尝了什么美食，去哪儿看了什么美景，或是特别的节日里收到什么礼物。大家像是约定好似的，绝口不提梦想。即便有人说上两三句与梦想沾边的话语，下边随声附和的也不过是些戏谑与调侃。

往昔，我们以梦为马，心有栖息之所。如今，梦想说出口，倒成了一件令人难堪的事情。

然而，那一晚我点开朋友圈后，不禁怔住。朋友圈中有一条关于梦想实现的状态下面，跟随着几乎我所有大学同学如潮般的感慨与祝福评论。大家像是回到了大学时代，群情激动。

"谢谢大家的支持，历经三年，我终于考上北大研究生。"

我转过头，看到对面楼里只剩下一盏昏黄的灯。夜色如墨，像是一种启示。没有起身去看星斗是否缀于苍穹，也不曾跑到院落里去看月亮是否在云中穿行，只觉得这个夜晚深处，隐藏着微弱的光。

我们总是忙忙碌碌，如若有人挡住我们的去路，唯有我们回答出去前方寻找什么，才可继续前行，想必多半人会被困在原地。

停下脚步，我们愁眉紧锁，竟不知终日奔忙是为了什么。

最终，在不知不觉中，我们轻易与心之希冀擦肩而过。

因而，在那个知晓李晨实现北大梦想的夜晚，我与所有大

学同学一样，久久无法入眠。

屋内一片漆黑，唯有手机屏发出的亮光，给人一点安慰。

我点开对话框，对李晨说："恭喜。"

他的回复也是简单至极，只说出"谢谢"二字。因为，梦想无所缀饰。

大三那年，所有同学贪玩的心性都有所收敛。多半人开始做简历，找工作，另一部分人则买了大量参考书，准备考研。

李晨扬言要用三年时间考上北大，如若三年之后依旧落榜，才心甘情愿去工作。于是，一间安静的自习室，一桌有关备考的参考书，一颗恒定的心，他开始了漫漫征程。

有人问他，为什么那么坚定地考北大，如若是暂时不愿工作，报考其他学校也是一样的。他从书堆里抬起头，只是很简单地说，要进北大中文系的创意写作专业。

我也参加了考研，只是我对于考研的目的并不明确。当招聘机构来学校时，我也会像其他同学一样拿着一张薄薄的简历，涌进人潮中。不愿看书时，就会窝在宿舍里看韩剧。心血来潮时，也可能会通宵背英语高频词汇。无数个阴晴不同的日子，被我过得好似同一天。或许，从那时起，梦想便已无处可栖。

第一年成绩出来时，我与李晨一同落榜。不同的是，他不曾说什么，只是再次默默搬着厚厚的参考书，再次走进了安静的自习室。而我，煞有介事地哭过之后，就走入各家公司进行面试。

"一片树林里分出两条路，而我选择了人迹更少的一条，从此决定了我一生的道路。"罗伯特曾如是说。我想这句话用在李晨身上再合适不过。

第二年，李晨依旧没有上榜。

我在一家公司里，游荡着，迷了路。

我们都以为他会放弃考研，毕竟不是每个人都承受得起那沉重的后果。而他毅然在北大附近租了一间小屋，再一次踏上梦想之途。

大家微信的个性签名换了又换，但他始终只用伍尔夫的一句话为座右铭："人不应该是插在花瓶里供人欣赏的静物，而是蔓延在草原上随风起舞的旋律。"

毕业之后，几乎所有的人都过着与梦想无关的日子，得到了从未曾追寻的东西。唯有他，看似一无所有，却一直握着梦想号码牌，追寻那还未曾得到的东西。

第三年，他以第一名的成绩，被北大中文系创意写作专业录取。

三年的光阴，他终于摘到了挂于树梢的那枚熟透的梦想。

我看到有人对他说，终于不再那么辛苦。但我知道，染着梦想色泽的日与夜，是最瑰丽的，纵然累，却从不曾觉得空虚。

东方渐渐发白，一些光束穿透厚厚的云，照射到阳台上。
一夜没睡，却无比清醒。

洗漱之后，简单吃过早餐，便动身去上班。阳光在脸上绽放，风吹进心海。

梦想都只是种子，唯有经过深深埋葬，才有生机。上班不只为生计，若添了梦想的佐料，将工作与兴趣结合，瘦骨嶙峋的生活自会渐渐饱满丰饶起来。

做彼此的摆渡人

拥有一份自己想要的爱情，绵长的岁月总会让我们付出代价。

但历经千辛万苦之后，那份完美得谁也夺不走的爱情，那个爱你如生命的伴侣，便是岁月返还给你的利息。

七月的尾巴，天气燥热无比，树梢上的蝉鸣，密集地传来，响彻着整个夏天。屋内即便开着空调，也是闷得厉害，我躺在床上，翻来覆去睡不着。

大概十一点钟，因燥热而难以入睡的我，仍旧无聊地刷微博，看朋友圈。也不知过了多久，睡意渐渐浮上来，眼睛半睁半闭进入朦胧状态。恰在此时，手机震动起来，我猛然清醒过来，看到手机屏上显示着小薇的号码，心想今晚又会像往常那样，陪她聊到天亮。

按下接听键后，还未等我说出"喂"字，小薇就赶着说："我们要结婚了。"

我有些缓不过神来，也许是太过意外，太过喜悦，竟愣愣地不知怎么接话，仿佛心中有溪水潺潺流过，将郁积于其中的烦闷与燥热驱逐而去。电话里不断传来"我们要结婚了，我们要结婚了"，小薇说着说着就带了哭腔，随即便是低声地啜泣。

这是我七年来，第一次听到小薇的哭泣声。在最难最苦的时候，我见她都是笑着的，但终有了归程时，她终于肆意地释放了憋在心里的眼泪。

飞机穿过姿态万千的云层，由北而南，向海南飞去。我放下手头的工作，向领导提前请了一周的假，赶去参加小薇与李铭的婚礼。同行的乘客多半沉沉睡去，而我看着玻璃窗外的天空，脑中关于小薇与李铭的往事一件件浮现出来。

在大学里，小薇和李铭都来自海南，是我们班极为登对的一对璧人。小薇在我隔壁的宿舍，最初我们并不熟悉，但由于大二时我与她一起在校图书馆兼职整理书籍，便渐渐熟识起来。

图书馆的工作，有时很忙，有时则很闲。闲暇时，我们就坐在一起天南海北地聊天。那时，我尚未看过大海，她则向我描述，家乡的大海有着翡翠般的蓝，与蔚蓝的天空恰好相映。她最爱提着裙摆漫步在沙滩上，或在傍晚彩霞满天时，捡拾贝壳。每当她向我讲起那片海时，我心中总会泛起些许疑惑，既然那么留恋那里，为什么要跑到这么远的城市来上大学？但我从未问出口。

除却上课时间，小薇大部分时间都用来打工，周六日和我一起在图书馆整理书籍，周一至周五晚上去做家教，节假日时则会去超市门口发传单。因而，她并没多少闲暇的时间和同学交流，甚至宿舍的人也只能在晚上见到她。当然，并不是只有她一人这样，她的男友李铭也是如此。

他们没有多余的时间去憧憬未来有多美，在旁人眼中，他们只是不停地奔跑，以度过当前每一个不可停留的瞬间。

记得那应该是个晴朗的周末，我和小薇整理好书籍后，便

各自在书架上抽出一本书，在靠窗的位子上坐下来。也唯有此时，小薇才会停下奔跑的脚步，卸下同龄人还未曾体会过的生命之重。

窗外走过三三两两的同学，悠闲自在。柔和的光荡漾在小薇瞳孔里，有一种特别的光彩。许是心事在心中憋得太久，她这一次的倾诉终于解开了我的疑问。

她与李铭是邻居，算是自幼一起长大的青梅竹马。每当大人逗趣似的问李铭长大要娶谁做新娘时，李铭总会笑嘻嘻地指向身侧的小薇。两家的大人仰头捧腹地笑一番，也就由着他们去。

村上春树曾说："终点只是一个记号而已，其实没有什么意义，关键是这一路你是如何跑的。人生也是如此。"如若两人攀过高山，越过深潭之后，走到了终点，路中那些曲折的情节，便都成了故事最好的点缀。如若两人中途走散，则说明那是必然要丢失的东西。弯曲的过程，是检验真挚爱情最好的方式，也是最残忍的方式。

小薇与李铭家皆是做旅游产业兴家，两家虽有竞争，但多数情况下是以合作的方式取得互利共赢的结果。然而，在他们刚升高中之时，两家为了争取一个很大的代理权而互相翻脸，小薇的爷爷也在这场恶意竞争中去世。自此之后，两家便形同陌路，且禁止小薇与李铭往来。从前那个结为亲家的玩笑，如今成了戳中心房的讽刺。

双方的父母各自向他们灌输两家带血的仇恨，终究是无济于事。为了远离家长的责骂与阻止，他们在填报志愿时报考了同一所大学，一起离开了那片美丽的海。

他们没有学费，没有生活费，只有在一起的信念。

有人轻易便从此岸游到彼岸，而他们只得抵押自己的生命，做彼此的摆渡人。

大学毕业之后，他们决定回去。

逃得越远，系在父母心中的结就会越紧，唯有一起回家才能将结解开。

郁积在家长心中的仇恨，并不能轻易被消解。撑不住时，小薇就坐在海边给我打电话，所说的时常是大学里的事情，手机里间或有海浪传来。

李铭尝试着将两家的产业合并，如此便不再有利益纷争，祖辈的怨恨或许也会由此而消解。当李铭在朋友的帮助下成功做成此事时，两家人终于同意了两人的婚事。

走下飞机，我并没有径直去小薇家中，而是坐一辆计程车去了三亚海边。

那里确如小薇所说，椰林树影摇曳，海水明澈朗净，波涛在礁石上撞出浪花。从这片海中逃离，又回归这片海，流浪那么久，他们仍一如既往地爱着彼此，这是他们的福气，更是他们的运气。

寂寞让你如此美丽

有一段时间，每到中午十二点，我就会放下手中的工作，到公司对面的面店里吃一碗热腾腾的云吞面。面店的老板娘嗓门很大，每次见我走进门，就会向身后忙活的厨子大声说："煮一碗云吞面。"

我点点头，穿过门口的桌位，径直走向倒数第二桌靠窗的位子。她家的生意很火，因为是冬天，吃面的人格外多。在等面送上来的空隙间，我便看墙壁上贴得密密麻麻的便签愿望。

"祝我和敏敏永远幸福下去。"

"祝我的减肥计划取得成功。"

"今天很开心，愿这样的日子永远不会结束。"

……

来送面的是一个头发高高扎起的女孩，二十来岁的样子。"姐姐，你好像每次都没有留下自己的愿望呢？"她一边把热腾腾的面放在我面前，一边看着我说。

餐桌上的便签，是叶子形状的深蓝色，像是一片没有边际的大海。我笑笑，没有说什么，拿起一次性筷子，使劲儿将面送进嘴里。热气腾到我脸上，眼里已经是一片湿润。

我问自己：你的愿望是什么？

和穆宁在一起时，他说要带我去彩云之南，我信了。他说要把我介绍给他所有的朋友，我毫不怀疑。他说每年我生日时都会给我惊喜，我笑得花枝乱坠。

爱情的甜言蜜语就像是罂粟花，明知有毒，却甘愿将其捧在手里。想必那时候，如若他告诉我，他可以为我去死，可以为我把星星月亮都摘下来，我也深信不疑。

我把他说过的话，全都记到日记本中，当成名人语录记下来。每天围着我们的爱情打转，怎样讨他喜欢，他爱吃什么甜点，他习惯穿什么风格的衣服，他每时每刻都在做什么。唯有夜深人静之际，我躺在床上时，才会偶尔想起自己从前的小愿望，要自己一个人去看一场海，要写一本治愈心灵的书，要开一家精致的咖啡店。然而，这也只是想想而已，那时对我而言，再也没有什么比他更重要。

直到有一天，我无意中知道，这些话他并不是只对我一个人说。原来，自始至终，我都是用耳朵来听爱情，却不辨真假，也不曾看清它真正的样子。于是，为了避免让罂粟花夺走我的性命，我只得选择离开。

在分开之后，我再也不必按照他的喜好搭配衣服，再也不必跑几条街只为买几块他喜欢的糕点，更不必让他的喜怒哀乐来控制我的心情。如今，我可以去任何地方，却哪里都不想去；我可以去做任何事情，却什么都不愿做。

爱情离去，心也就空了。

心空了，寂寞就填满了。

面店的人，渐渐少了。我抽出一张纸巾，擦擦嘴边的污渍，正准备起身走出时，恰好看到一个长发女孩将写了愿望的便签贴到墙壁上。

"一个人，生活没有理由不美丽。"字条用蝇头小楷写成，很是漂亮。更为漂亮的是，撇捺之间掩不住的生活姿态。我撕下一页有着大海颜色的便签，小心翼翼地折叠好，放到背包的内层。

　　走出这家店时，阴沉的天已然放晴。

　　回到公司后，我向领导请假，在网上订好火车票。K7715，15:39，北京—秦皇岛。火车启动时，我拿出装在包里已经很久不用的唇彩，用手机屏当镜子，格外用心地涂了涂。记得闺密丽告诉我，沉浸于爱情中的女人是最美的，但世间的分叉口这么多，两人一不小心就会走散。回归单身后，懂得欣赏自己的女人是最美的。

　　火车上的人昏昏沉沉睡去，只有我津津有味地看一幕幕后退的风景。火车经过燕郊、玉田、唐山、滦县、昌黎、北戴河，最后到达秦皇岛。在到站之前，我拿出那张空便签，稍稍斟酌后，一笔一画地写下自己的愿望："一个人，在秦皇岛看海。"

　　心空的时候，不是只有寂寞可以填充，把昔日那些无处安放的愿望都捡起来，去行动，去实现，干瘪的心也会变得丰盈饱满起来。

　　冬天的大海，并不那么明媚，但那几乎单纯的蓝色，那宁静中蕴含的不可知的力量，已经足够让我兴奋。雪白的浪花，不知疲倦地从远方赶来，捎着彼岸未知人的未知语言，闯破混沌的蔚蓝，奔向此岸。风托起我的长发，也吹进了我的心里。

正在这时，手机铃声响起，是陌生的号码，我按下接听键，几句询问之后，我听出是穆宁的声音。

"我在秦皇岛。"风将我的话带到远方。

"还记得我们要一起去彩云之南的愿望吗？"他的声音里有些惊讶，也有些失落。

浪潮向我涌来，我用左手接住浪花，再用力撩起，浪花便碎在沙滩上。

手表的分针，从五转到六，我始终没有答话，顷刻之后，手机便传来一阵嘟嘟的忙音。

用耳朵听爱情的阶段已经过去，我渐渐明白，那时的风，那时的雨，其实都是心的倒影；那时的海誓山盟，并不是用来实现的，只不过为了制造浪漫的气氛，好让爱情有爱情的样子。

从秦皇岛回来后，中午我仍会去公司对面的那家面店吃一碗云吞面。所不同的是，每次吃完后，我总会在便签上写下自己的愿望，然后贴在墙壁上。结账时，我也会对那个扎着高高马尾辫的妹妹真诚地说一声"谢谢"。

人生之中，总有一段时光要一个人走。何必害怕没有人陪，你就是自己最好的伴侣；何必时时与过去较劲，当下有着独一无二的美好。当你学会一个人走路时，属于你的生活才真正开始；当你敞开自己的内心时，你也就与这个世界达成了和解。

一边走，一边等待

我坐在"雕刻时光"里，透过落地玻璃窗，漫无目的地看着街道上，穿梭的人群与车辆。桌上那杯咖啡渐渐变凉，瓶中的插花开得灼灼耀目。

我旁边坐着一对情侣，女孩把全部热情都灌注到对方身上，而男生眼神的焦点，却始终定在女孩以外的事与物之上。有风吹来，他们桌上的那朵插花摇摇欲坠。

想必，每一朵花都知晓自己会凋零，但花期至时，它们仍固执地盛开。这个女孩，应该也知道自己喜欢着一个并不喜欢自己的人，但谁又能阻止她停止去爱。

执念，往往比想象中更为坚韧。

它意味着要承受孤单与寂然，甚至要承受终点的毁灭。

暮色渐浓，旁边的情侣起身离开。走出门外时，女孩主动牵起男孩的手，脸上是小心翼翼的欣喜。

　　手机震动的声音，拉回我的视线。我打开手机，看到一起长大的好姐妹肖欢发来的短信："你不愿意种花，你说，我不愿看见它一点点凋落。是的，为了避免结束，你避免了一切开始。"

　　顾城这句诗，说出了避免疼痛的最佳方式。只是，懂得并不一定能做到。顾城如此，肖欢也是这样。

　　短信的最后，附有一张她在徽州古城的照片。用清一色卵石铺就的弄巷街道，狭窄而弯曲，向前无限延伸。她背向镜头，顺着这条仿佛没有尽头的弄巷，义无反顾地迈步。背影如此孤绝。

有些路，总是要一个人走。然而，爱情这条路，要两个人一起走，才不至于凄凉。

　　两年之前，肖欢爱上大学同学李鹏，并用刻意安排偶遇的方式成功追上他。

　　哪个男生会讨厌喜欢自己的女生，只是不讨厌并非就是爱。正如黑的对立面，不一定是白。你可以走进他的眼睛里，却无法走进他的心中。并非你不好，而是他并不需要。

　　毕业之后，肖欢放弃稳定的工作，追随李鹏来到他的城市。空间距离缩短，心的距离却更远。并不是所有卑微到土里的爱情都会开出花朵，最终，卑微会变为懦弱。

　　"那时，他很爱我。"肖欢曾这样对我说。我没有告诉她，或许，那时他找不到更好的寄托。如若下一秒钟，他的心为另一个女孩而跳动，那么这段一厢情愿的爱情，便会走到终点。

　　那对情侣已经走远，我知道，那个女孩终有一天会抱着自己哭泣，我也知道肖欢逃不出这样的结局。但我无法阻止她们一意孤行，更无法阻止她们沉浸在自己的世界里。

　　生活需要去经历，疼痛需要自己去感受。如此，事后领悟得才彻底。

街上华灯渐渐亮了，但有多少人的心是盲的呢？

我们执拗地爱着那个人，痴痴地站在原地等待他爱上自己。最终，他走远了，我们得到的不过是一颗碎了的心，以及一个迷失的自己。

更多的时候，我们是在和自己的感觉恋爱。心灵无所寄托时，我们借"他并不讨厌我""他其实很爱我""他最终会爱上我"这些善意的谎言安慰自己。

他的每一句话，我们都相信，却不相信，他对自己没有任何感觉。

我们看得清别人的一切，却看不清自己正走向绝境。

夜色如墨，透过玻璃窗，我隐约看到东方悬着一枚月牙。

一切都不会是完美的，强求总是无果。深夜怎会看到太阳，正午怎会看到月光？它们并非不存在，而是我们望向它们的时机不对。

喝完最后一口冷却的咖啡，我给肖欢回复了短信："开始无须避免，但不合适时，要懂得转进另一条路，然后向前走，在那里，有人正等待与你相逢。想必，徽州这样美的弄巷，不只这一条。"

世界这么吵，却压不住寂寞的声音。

街道如此拥挤，却挡不住寂寞来回奔忙。

我们总是想拥抱爱人，却不知道在这之前该先温暖自己。

我们想在爱中寻求安慰，却把过多的时光，献给了虚无的存在。

我走出"雕刻时光"，看到人流与车辆，如白天一样，穿梭不停。

爱的对手，只是爱

坐在去往杭州出差的高铁上，我突然想起王小波的那句："什么都不是爱的对手，除了爱。"

毕业之后，宿舍姐妹一个留在本校读研，一个南下去往南京读研，另外三个分别去了沧州、唐山、天津，做祖国的园丁，她们有着稳定的工作，过着平静的生活。唯独我，揣着二流学校的文凭，决定漂泊在北京。

那时，我并不害怕。只因，这里有我爱的人。

高铁以每小时三百公里的速度前进，窗外的风景一闪而过，耳机里唱着伤情的故事。我沉沉睡去。

醒来后，列车正停靠在南京南站。南京，小梅读研的城市。

总有些地方，是我们不敢触碰的。因为，里面那个人，我们不知道怎样面对。

毕业典礼之后，我把收拾好的三个行李箱，独自从六楼拖到一楼，心中是没有边际的荒芜感。然后，我走上楼，和小楼、小英、小燕、小丽、小琪，一一拥抱。小梅坐在床铺上，不动声色地看着我们。我站在原地，踌躇许久，向前跨了一步，又挪回来。最终，我只对她说出"再见"两个字，她也是如此。

　　那时的我们，总是以对抗的姿态，表达最深沉的爱；用孤立彼此的方式，证明最亲密的关系。仿佛只有彼此伤害，才算是真爱。

　　更微妙、更复杂的情感，往往不在恋人之间，而是存在于闺密之间。

　　最令你恼火、最让你抓狂的人，往往不是男人，而是你最要好的姐妹。

　　她看不得你在爱情里横冲直撞，她愤怒于你义无反顾地跳进火坑，她怨恨你心甘情愿地慷慨赴死。她和你争吵，无济于事；她甩手而去，你无动于衷。最终，她冷眼旁观你的一切，你则埋怨她总是阻碍你的幸福。

　　那时，我们都恨对方。后来，我们明白，恨比爱更能表明自己有多在乎对方。

毕业之后，我们从未联系。不是不想，而是怕得不到任何回应。

列车停靠三分钟后，再次起程。

王小波的话又出现在我脑海中："爱的对手，只是爱。"

手机里存储着编辑好的短信："我来到你的城市，虽然只是路过。"犹豫再三，我最终按下发送键。

那时，我不顾全世界反对，痴迷于自己的执念，在爱情这条路上，走得如此决绝而孤独。我下定决心，要幸福给所有人看。于是，在那段华丽的冒险中，我没有给自己留下任何回旋的余地。要么拥有一切，要么一无所有。因而，提着三个行李箱，坐上火车时，我心中满是报复的念想。

只是，梦想与现实的鸿沟太大，我只得站在此岸，遥望彼岸的景致，听着如水的时光轰然而过。我没有告诉小梅，我常常加班到晚上十一点，更没有告诉她，烟花般的爱情，最终归属于岑寂的夜空。

手机屏幕始终没亮，就像碎了的青花瓷，无法再黏合。

你未出口的言语，别人并非不知道。

你守口如瓶的秘密，或许已然传遍大街小巷。

你以为的，常常是错误的。

列车将要到达终点时，我收到了小梅回复的短信："希望下次你走进来，而不是路过。"

走出火车站，梅雨下到了我的眼窝与心里。

闺密之间的爱，与情侣之间的爱一样，都有争执。所不同的是，前者在争执之后，爱仍然在。

那场幸福的赌注，最终我输了。可是，我知道，小梅比任何人都希望输的人是她。

她并没有怨恨过我，而是不希望看到我撞南墙；我也没有怨恨过她，而是用另一种方式慢慢靠近她。

那些年轻时犯过的错误，在以爱换来爱的时刻，就这样轻易地被原谅。

我撑着伞，独自在西子湖畔徘徊。清风掀起衣角，我内心感到前所未有的轻松。

生活中，总有些结，明明可以解开，我们却以为那是死结，不去触碰，不去面对，任由它落满灰尘，直至它变为真正的死结。如若我始终将那条短信安置在草稿箱中，如若小梅收到短信后，拒绝回复，事情便会是另一个样子。

生活并非像我们想象中那样残酷，更多的时候，是我们的执念让我们活得如此辛苦。

我想，回去的路上，再次路过南京时，我定会毫不犹豫地走下来。

也许我们之间曾经有裂痕，但是过去的终将过去。

久别重逢，是我们给予这段情谊最好的礼物。

想必那时，雨季已经过去。

第三辑

愿你与生活
温暖相拥

我给予你的祝福未曾远离，
你为我点燃的灯火不曾熄灭。
感谢命运的厚爱，
让我们成为彼此独家的记忆。

给予，是最好的沟通

他是一个主治医生，在他把一个老者高昂的医药费全部记到自己账上时，他想起了三十年前那个有些阴沉的午后。

那时他不过是一个七八岁的孩子，因偷了几瓶止痛液而被药店的老板娘逮个正着，周遭皆是看热闹的人群。他低着头，不解释，任凭指责与拳头落在自己身上。恰在此时，对面一家面店的老板穿过水泄不通的人群，走到他面前，轻声问他："是因为你妈妈生病了吗？"

他缓缓抬起头，清澈的眼神里闪烁着水晶般的泪意，看了一眼周遭的人群与凶恶的老板娘，害怕而郑重地点了点头。面店老板笑了笑，便替他付钱买下止痛液，并嘱托女儿装一包蔬菜汤，递到他手上。

阴沉的天气，渐渐放晴，就像心中的雾霾，渐渐消散一样。

最远的距离，是从一颗心抵达另一颗心。

抵达途中，最佳捷径莫过于给予与沟通。

他拿过面店老板递过来的东西，不发一言地跑掉。自此之后，他们没有任何联系。

面店老板一如往常那般乐善好施，只要见到游民走到店

前，便吩咐女儿给他们包上一包食物。

三十年后的一天，年迈的老板突然病倒。女儿看到账单上高昂的医疗费，手足无措，与主治医生商量可否将手术缓一缓。

医生看着她哭花的脸，三十年前的一幕幕场景犹如胶片显影般清晰地浮现在他心中。她听从父亲的嘱托，包好一份新鲜的蔬菜汤，并从钱柜里拿出足够付止痛液的钱。

有人说，在这个可恶的世界里，什么都无法长久，哪怕是我们的烦恼。然而，记忆无论如何都无法抹去，记忆中的爱更是无法流失。

世间美好之事，并不是因为看到了才相信，而是相信了才会看到。

第二天，轻柔的阳光洒在干净的病房里，守在父亲病榻旁的女儿从睡梦中醒来。她看到白色的被子上安放着一封信，便满心疑惑地将其拆开。

世间并没有免费的午餐，如若你偶然遇到，那定然已在多年前不经意的举动中，为这顿午餐，付了费用。

她展开信笺，里面竟是一张医疗费为零的账单，并附有一句足以让她为父亲骄傲的话："所有费用已经在三十年前付过了——用三瓶止痛液，还有一包蔬菜汤。"那一刻，她终于明白，三十年前那个没有钱为母亲买药的小男孩，便是父亲的主治医生。

这多像戏剧中的情节，但它如此真实地发生在现实之中，故而，这个故事被拍成广告短片，命名为《给予，是最好的沟通》，搬上银屏时，是那样感动着不曾被理解的都市男女。

你在此处，而我在彼处，我不了解你的处境，你也不曾读懂我的际遇。

我们生活在同一方天空之下，心却张望着别处，相互理解不过是天方夜谭，孤独在所难免。

正如泰戈尔所说："有一天，我梦见我们相亲相爱，我醒了，才知道我们早已是陌路。"

有人问，为什么父母是最爱我们，却最不理解我们的人？

有人问，为什么被管束的孩子，反而更羡慕那些无人照料的孩子？

有人问，为什么自己的意愿，总与父母的意愿背道而驰？

但很少有人问，怎样的沟通才有效？

你甘愿为他倾尽所有，可这并非他所需要；你为他设计好人生的每一步，可这条路上的风景并非他所喜好。因而，我们本以为会越走越近，实则渐行渐远。

我们倔强，并非想要逞强，而是我们太渴望得到关注；我们叛逆，并非在抵抗，而是用另一种方式靠近温暖。

　　闺密刘燕很小时父亲便去世，与母亲相依为命。母亲一天打两份工，只照顾她的起居，很少关心她的内心。因而，她渐渐变得乖戾，以至于高中时竟不幸怀孕。那时，她手足无措，后悔已于事无补。万般无奈中，在我的陪同下，她将此事告诉了母亲。

　　我们都以为急脾气的母亲会将她暴打一顿，但母亲听完之后，没有指责没有训斥，更不曾动手。她只是叹息几声，而后带她去了本地最安全的医院，让医生为她做了最安全的手术。除了我之外，再没有其他人知道这件事。

　　拨开层层云雾，我们终会看见满天阳光。自此之后，她洗掉了身上所有的乖张之气。

　　我想要的，正是你想给的。你所说的，正是我想听的。正因如此，世界阔大无边，街道人来人往，我们才不至于感到孤独。

那些散落人间的日常

　　海子说："你来人间一趟，你要看看太阳，和你的心上人，一起走在街上。"

　　玲玉深深迷恋着这句话。

我们的心，总是时时张望着摘不到的月亮。于是，人生之中，总也少不了因得不到而产生的痛楚，以及因不珍惜手中所有而生发的遗憾。

玲玉迷恋海子所描述的人生状态，是因她从未有机会和她爱的人，手牵手走在街上。

一个人到底有多少面？哪一面才是最真实的？

她是父母眼中的好孩子，是丈夫眼中的好妻子，是孩子眼中的好母亲。人们皆认为，这便是她的全部。只是，她的左心房如斯平静，如溪水缓缓流过平原，而她的右心房暗流涌动，澎湃似潮，如狂风卷起的浪尖。

三十二岁的她，有家庭有孩子，却依然天真如少女，不顾一切地爱着在另一个城市工作的男人。每隔一段时间，她便以工作出差为由，买一张机票，穿越千山万水去看他，不求与他长相厮守，唯求只争朝夕的欢愉。

她心如明镜，在她触手可及的地方，安放着一份真切的爱，远方那个人则随时可将其抛弃。然而，细水长流固然稳妥，到底少了些许激动人心的涟漪。仿佛唯有疼痛与刺激，才能让她感受到生活的质感。因而，在这份越出藩篱的情感中，她不惧道德、不惧是非、不惧时间，也不惧规则。

她的右心房汹涌澎湃，不知何时就要将左心房淹没。然而，既然已经走上这条路，她又怎会甘心半路折回。

在爱情中，总有些热情的蠢货，奋不顾身地潜入黑夜，以为只要一直向前，便能走向黎明。殊不知，心盲时，即便周遭满是阳光，也是伸手不见五指。

最亲密的好友问她，这样累不累，她点头；这样值不值，她也点头。之后，她反问好友，你是愿意与一个爱自己的平凡男人，一辈子离不开柴米油盐，琐碎至老，还是遵循内心的旨意，爱自己所爱，哪怕生活动荡不堪。好友并没有给她确切的答案。

生活中没有非此即彼，如今的世界也早已不是非黑即白。

玲玉自始至终都愿意做一枝艳丽如血的红玫瑰，成为远方男人心口上的朱砂痣，即便有一天终会凋零，到底是开过的，总也好过脚下那株不起眼的白玫瑰。

她是那样义无反顾，以至于忽略了红玫瑰不只有朱砂痣这一种结局，在被远方也有家室的男人牢牢拿捏在手的那一刻，她已成为墙上的一抹蚊子血，姿态是那般难看。白玫瑰是平凡了些，但被人捧在手心时，也有着别样的美丽。

我们总想用时间证明自己执念的正确性，到头来，总是被时间戏谑。

于是，我们不得不承认时间是最为精致的过滤器。它冲走的只是浮于表面的碎屑，而把最有价值的内核剖给我们看。

　　那一日她匆匆吃完早餐后，便坐上通往他所在城市的航班。三个小时之后，她又搭乘出租车去他指定的宾馆。途中，因急着与他见面，玲玉一直催促司机开快些，以至于拐弯时，与迎面而来的公交车相撞。

　　迷迷糊糊之中，玲玉拨通他的电话，他听闻她的情况之后，却迟迟不来。她心灰意冷，第一次觉得这座城市如此陌生。无奈之中，她只得拨打丈夫的电话。丈夫先是安排先前在这座城市工作的同事把她送往医院，后又订了最早的航班，飞到她身边。

　　她躺在病床上，想起海子还这样说过："远方除了遥远一无所有，更远的地方，更加孤独。"

　　旧梦醒了，过程清晰毕现，结局水落石出，如若再去纠缠，即是一种贪婪。

　　她终于注意到了脚下那株素雅的白玫瑰，它正开着清淡的小花，洁白似雪，微风拂来，散着浓淡皆宜的香味。

　　丈夫坐在床边，紧紧握着她的手，眼神中满是害怕失去她的惶恐。十多年来，她第一次睡得这么安心。

　　我们不远万里去寻求心中所爱，因而眼前的灯火阑珊处总有人轻声哭泣。我们总是情愿为男一号而背叛所有人，却不曾发现男二号的微笑是如此迷人。

多年前，她不甘于平淡，总觉得左心房承载的生活，如死水般了无生趣。如今，她终于知道了生活的真相——细水长流，是最美的风景。

快乐时，有人分享；痛楚时，有人分担。想必，世间女子，所求莫过于此。

有些花，不待风吹而自落

"呼兰河这小城里边，以前住着我的祖父，现在埋着我的祖父。"

在这个炎热的夏季，在这个昏昏沉沉的午后，我读到萧红写下的这句话，霎时间泪落如雨。

那座大山里，以前住着我的外婆，现在埋着我的外婆。

听多了永恒之类的话，渐渐信了。后来，历经沧桑，蓦然回首时，恍然觉出了时间的残酷，那一刻终于知晓永恒不过蘸了蜜的砒霜。

说穿了，人生不过是一场盛大的失去。

看透了，明亮的阳光中也是暗淡的阴影。

那是一个冬季。

那个冬季是一张黑白照片。黑色的棺木，黑色的呼吸，黑色的绝望；白色的雪花，白色的眼泪，白色的麻布孝衣。

午后两点钟，噼里啪啦的鞭炮声响起来，棺木被盖上时，人们哭得前俯后仰。

我们都试图去抓那些必然会逝去的东西，所以我们总引得上苍发笑。执拗的结果，往往是从心底浮上来的悲凉。

村西边的山坡上，白茫茫一片。人们把装着外婆的棺木放在坡上提前挖好的土坑里，晶莹的雪花覆到我的睫毛上，又落到了我的心里。和外婆一起堆雪人时，我从未觉得雪花这般凉。

外婆在去世前曾说，她死后每年的清明，不愿我和妈妈来看她。如若想念她，就想想糖葫芦的味道。她在另一个世界里，也会像从前那样在白雪覆盖的冬天卖糖葫芦。

外婆深深的年轮里，寄存着我的童年。

大山从四面八方围困着那个村庄，一条弯曲绵延的小路，是唯一通往城里的途径。山的那边，是喧嚣的城镇；山的这边，是淳朴清静的村庄。每年总有很多年轻人翻越高山，走出这座落后的村庄。而每个冬天，我都会在妈妈的带领下，翻越高山，走进这座贫穷的村庄，度过一个每天可以吃上糖葫芦的寒假。

记忆中的冬季，每天都在下雪，那里的黄昏仿佛比家中来得更早一些。外婆在瓮里汲满水，把大大小小的山里红倒进瓮

里，双手浸泡在其中，摩挲掉山里红上的泥土，然后把它们捞起，放在旁边破旧但干净的箩筐中。

接着，她在床上腾出大片地方，铺上塑料布，把箩筐端上床头，开始将山里红串成一串。我在旁边，非但不帮忙，还不断捣乱。有时，趁外婆不注意，我偷偷拣几个大的山里红一起塞进嘴里。外婆从未责备过我，只是嘱托我吃慢一点。

长大以后，我总试着去描绘童年那种感觉，下笔时却写不出只言片语。后来偶然读到张爱玲的《童言无忌》，才找到了有关童年最准确的表达："童年的一天天，温暖而迟缓，正像老棉鞋里面，粉红绒里子上晒着的阳光。"

村里的枝丫，疏疏落落。月光洒在庭院的瓮里，闪着一片片金光。我踮起脚尖站在瓮边，仿佛伸手就可以把月亮揣在

怀中。

心存爱意，冬季的严寒算得了什么。

山里的村庄寂静如常，风中的雪花飘散如烟。

糖葫芦里还存留着童年的味道，而我慢慢长大，开始翻越另一座高山，去寻找更精彩的世界。渐渐地，我学会了遗忘，遗忘了我曾经到过的地方和我将要去的地方。

迷茫之时，任何出现的人，都可算作救命稻草。于是，我是那样轻易爱上了一个让我奋不顾身的人，尽管他给予的情，只在言语，不在心上。横冲直撞之后，最终一无所有。

分开的午后，天空下起了小雪。我倏然想到，离开那座村庄的日子，未免太久了一些。

那条延伸至村庄的小路，还是那么回环婉转。它始终在等迷失的人们，归来。

走进村庄时，外婆正用亮堂的嗓子吆喝着："卖糖葫芦喽，卖糖葫芦嘞。"六瓣的雪落在她全白的发梢上，落在她瘦小的肩膀上，落在她破旧但干净的衣襟上。一切都是白的，那一串串糖葫芦则成了天地间唯一鲜艳的点缀。

有些人与事，总要离开一次，我们才能看得透彻。

伤害犹如这纷纷扬扬的大雪，日出一到，终会融化。流淌在血液里的深情，则如精心涮制的糖葫芦，品尝过便刻在了记忆中。

村里的月亮，总是格外亮。月光透过老式的格子窗户，洒到床沿上。

外婆戴着老花镜穿糖葫芦，我盘着腿坐在外婆身边。

我问外婆，是不是成人背后总有残缺。

外婆没有说什么，只是从山里红堆里拿起一个很大的山里红，问我她手中的山里红怎么样。我看了看说，很大很红。她又拿起一个更大的山里红，对比之后，先前那个显得又小又涩。

我没有告诉外婆我失恋了，但外婆已在我的眼神中读到了落寞与失望、不解与愤恨。

外婆没有安慰我，只是在穿山里红的一举一动中，温暖了我。

深夜时，外婆还在忙碌着，我脱掉鞋子，钻进被窝里，渐渐入睡。朦胧中，我想起一句话，幸好爱情不是一切，幸好一切都不是爱情。

清明时节，人们撑起伞纷纷走上祭奠逝去之人的路。

我和妈妈遵从外婆的嘱托，没有回去看她。但糖葫芦的味道，我们从未忘记过。

之后，我再也没有走进过那座大山。

我们之所以与一座村庄或一个城市有很深的感情，只因其中住着一个自己深爱的人。人不在了，曾经的避风港也就成了一座躯壳。

你是我微小而盛大的怀念

每年冬天，我的手都会冻。手指上起很多红色的小疙瘩，天气稍一暖和，便很痒。每当那时，我都会想起母亲，以及那口会流淌出清澈的水的压水井。

冬天时，从压水井里压出的水，冒着热气，很暖，很温和，就像是午后的阳光。母亲常说，用这样的水泡泡手，手就不会冻。因母亲常有洗不完的衣服，刷不完的碗，所以她的手从未

冻伤过，而我始终是她保护的对象，所以没有一个冬天不冻手。

张枣写下这样的诗行："望着窗外，只要想起一生中后悔的事，梅花便落满了南山。"

冬天北京的公园里，树木萧瑟，一棵梅树静静开放。微风起时，我张开双手，花瓣便一片片落到冻伤的手指上。

小时候，我曾以为只要一直向前走，便能在别处找到别样的生活。于是，我走出那方有着母亲与压水井的院子，走出那个贫穷的乡村，继而走出城镇，最后来到北京。待我走得足够远时，猛然回头间，我发现那些铺在地上的梅花，正是我遗落丢失的心事。

梅树旁边是青石砌成的石阶，我用手擦擦阶上的土，便坐下来。石阶有些凉，拂面而过的风有些寒，双手因冻伤而时时泛起的疼痛感，唤回一些往事。

村子里家家户户都有压水井。每当母亲淘米、洗菜、刷碗、洗衣、浇菜园子时，她总会在压水井出水处放置一个很大的木桶，舀一瓢水倒回井中，然后双手握住木柄用力压几下，井底的水便会哗哗地流出来。

母亲爱花，院里除了种一些黄瓜、豆角、茄子之类的蔬菜，母亲还买来一些花籽。春天时，她用铁锹铲出一小片空地，把那些花籽埋到翻过的土壤里。来年春天时，院里便开满了红红绿绿的，我叫不上名字的花。

大概在上五年级时，邻居家安上了水龙头，形状很是精巧，只要用手轻轻一拧，水便会流出来。我跑回家里，央求母亲也安上水龙头。母亲没有同意，始终坚持着用那方古老的压水井。

邻居家的水龙头隔上三五天便会流不出水来，我家的压水井从未曾罢工。多年以后，我忽然想到，永远出水的压水井，其实就是从晨晓至日暮都不停歇的母亲。

天色渐浓，梅树变得影影绰绰。我站起身来，准备走出公园。低头时，恰好看到擦过台阶的双手满是污垢，便决定去洗手间洗一洗。

我轻轻拧动水龙头，水就带着愤怒的喧嚣，喷涌而出，就像这里的人们，永远在匆忙地赶路。压水井是从不会这样的，不管母亲怎么用力去压，它总会不慌不忙地淌出来。母亲有条不紊地做着一切，于是我家院子里，春天鲜花香味弥漫风中，夏天蔬菜结满藤蔓，秋天果子压弯枝头，冬天梅花如雪。

我把双手放在水龙头下，淌出的水寒彻似冰。冻伤的手，更加疼痛。疼痛侵入骨髓时，我想起母亲的话。她说，把手放在压水井压出的水里泡一泡，手就不会冻了。

可是，从前，我有机会泡压水井流淌出的温水时，母亲从不让我动水。如今，我可以自行决定一切，却已离母亲太远。

原来，有些恩情，我们无从回报，只配错过。

我把泪意压下去，走出公园时，街灯全部亮起。

回到租住的地方，我把手放在暖气片上。暖和过来的双手，开始痒起来。

我拨通家里的座机，三声之后，父亲接起来。我问父亲，母亲在哪里。父亲稍稍犹豫一下，便说她已经睡了。

我知道父亲说了谎。此刻，庭院中定然亮着一盏昏黄的灯，母亲正用握着压水井的木柄，用力压水。旁边，一个木盆中堆放着父亲换下的衣服，一个瓷盆中堆放着晚饭后的厨具。邻居家的梅树伸过窄窄的院墙，探到我家来。风一吹，梅花纷纷落下。

我想，母亲并没有遗憾的事情，如若非说有，想必那也是因没有让我泡泡压水井里流淌出的温水，那样每年冬天我就不必因冻手而苦恼。

蜷缩在被窝里，我问自己，你的遗憾又是什么？

不开灯的屋内，黑暗如墨，窗外没有一丝月光。我深知，母亲并不希望我因这些琐事而自责，纵然她曾那般希望我可以理解她的苦心。

周遭岑寂无声，我缓缓入睡。梦中，我把双手浸在压水井淌出的水中，温和的水就如母亲的眼神，紧紧地包裹着我。然而，不消几时，水的温度便渐渐下降，我的双手便因寒冷而变得通红。我从梦中惊醒，终于明白为何冬天的井水那般温和，母亲宁愿我冻手，也不愿让我泡在其中。

压水井，流淌出清澈的水；母亲，流淌出无声的爱。这些，都是生命的源头。

找到生命的源头，才能知晓生命的去向。

爱情无法掩饰，更不会说谎

在平淡如水的生活中，或是在绚烂如花的节日里，你是否听到过父亲对母亲说我爱你？

想必多数人听到这个问题后，都会摇头。

在我们的印象里，浪漫该是爱情的底色，沾染了市井烟火，爱情就变了味道。因而，我们从不认为父辈之间存在爱情。那种掺和了柴米油盐酱醋茶的生活，早已消磨了时光本该有的温情。

我的父亲与母亲共同生活了将近三十年，做得最多的事情便是沉默与隐忍。

沉默，即便两人在门槛处走过，也仿佛不相识的样子，侧身而过。

隐忍，对苦难与艰辛，当作极为平常的事情，日复一日地重复单调的生活。

　　父亲朝五晚九地工作以维持家用，母亲则在后方妥当安排着一切。这于我们兄妹几个而言，他们不过是在搭伙过日子罢了。纵然他们之间有真情存在，那也是与爱情无关，只在漫长的岁月中因习惯彼此而建立起来的情感。

　　然而，河流并非只在平原中穿梭，在高山与低谷间，它别有一种韵味。转弯之处的风景，常常令我们对漫漫长途，有一番新的领悟。

　　如若不是五月那道令人猝不及防的闪电，我永远不会窥看

到父母之间表面的沉默中藏匿的是比岁月更为厚重的深情。

总有一些事情会改变我们固有的观念。

那天在微信朋友圈中看到一个分享的视频，很短，只有三分钟。我毫不犹豫地点开，却在短短的三分钟里，解开了一则有关爱情的谜语。

视频中是一对行走在路上的老夫妻，他们穿过弯曲的小巷，穿过宽阔的柏油马路，辗转往一座小山坡上走去。与行走同时进行的，是无休止的争吵，老奶奶埋怨他出门不围围巾，不戴口罩；数落他贪吃甜食，所以"三高"；责怪他昨晚睡得太晚，因而今日精神不好。老爷爷有时也反驳几句，说她过马路时不看红绿灯，说她下雨天总忘记带雨伞，说她老了还臭美冬天不知道保暖。

然而，在这争吵的期间，他们一直紧紧握着对方的手。

路向前延伸，像是长长的一生，他们走在彼此的生命里，心存感激。

在视频的最后，斜晖穿过枝丫洒在街衢中，白鸽蘸着晚霞轻盈飞过，他们并肩跋涉的背影倒映在河水中。

我把爆米花扔在一旁，脸上与心底是一片轻微的湿润。

我的父母，又何尝不是这样？

去年春末夏初，家中山坡上的油菜花，在微风吹拂中散着阵阵清香。

母亲爱花，每次在田里除草回来，都不忘采一把插在不用的空瓶里。

那一天傍晚，她回到家时，突然看到家中是熙熙攘攘的人群。有人告诉她，父亲的腿在工厂被石头砸伤了。母亲手中那一把油菜花，便无力地散落在了脚步纷乱的院落中。

母亲拨通我的电话，声音里遮掩不住担忧与焦虑。挂掉电话，我稍稍收拾行李，便坐上了回家的列车。

抵达医院时，已是晚上九点。我透过病房的窗户，看到母亲正给父亲擦拭身体，一边擦一边小声地责备他性子毛毛躁躁，吊车还没把石头放稳，就急着往前凑。我没有进屋，想着多给他们独处的时间，便转身走出医院。

镇里的夜晚，是如此寂静。街灯多半都坏了，余下的那些散发出橘色的微光。苍穹上的星斗零星地亮着，北极星没有失明。人生的道路是曲折了一些，夜晚是黑暗了一些，但又有什么关系，正如硬币的正反两面都有独特的意义。

再次站在病房外面时，我听到父亲正以命令的口吻催促母亲到旁边那张空床上睡觉。母亲的手覆盖在父亲的手上，几次坚定地强调自己不困。父亲的声音有些抬高，说自己都病得这么严重了，她还惹自己生气。而后，我看到母亲站起身来，不情愿地挪到另一张床上，盖上被子，闭上眼睛。

我推门而进，父亲看到我后，便将食指放在唇间，然后指指渐渐睡熟的母亲，示意我轻声些，以免惊扰到她。

原来，生活中总有一些温馨的东西，随着潮涨潮落遗落在沙岸，而因脚步太过匆忙，神色太过慌张，我们只是走马观花般随意浏览每个日子，最终，那些温馨之情变为一片暗淡的礁石。

大概半个小时后，病房中响起父亲的呼噜声，我的意识也渐渐模糊。彼时，母亲轻手轻脚地坐起来，走到父亲病床前，小声对我说："你去那边睡会儿吧，我来看着你爸。"

那一刻，云雾散开，我猛然窥到了父母之间比溪水更清澈的爱情。

张爱玲曾说："感情原来是这么脆弱的。经得起风雨，却经不起平凡。"那么，经得起平凡的感情，应当带了磐石的坚韧，以及蒲苇的柔和。

我们以为他们沉默着面对面走过，但他们的眼神中满是深情。

我们以为他们隐忍着度过每一天，但他们的每个日子都是一幅不可复制的图景。

浅水喧哗，深水沉默，因而父母从不言说他们之间那深沉的情感。

母亲对父亲说了谎，她刚刚一直在装睡。

但是，我知道爱从不会说谎。

阴差阳错的随遇而安

我的闺密小美五官很是精致，鹅蛋脸，樱桃小嘴，秋水明眸，却在爱情的道路上走得格外艰难。每次我去她家，总会听到她母亲恨铁不成钢地数落她：我是把你生得缺胳膊缺腿了，还是把你生得像倭瓜了，人家隔壁的小伊都快要结婚了，你看你，一点着落还没有。

小美不是没有人追，但她总是喜欢不喜欢她的人，等到那些曾经追求她的人挽起另一个女孩的手时，她又对他们产生了感觉。

她总是在犯错，所以一直在错过。于是，她像很多单身大龄女子那样，不可避免地走上了相亲的道路。

三毛曾在《撒哈拉的故事》里说："我笑，便面如春花，定是能感人的，任他是谁。"小美即是如此，亲戚同事给她安排的相亲对象没有不被她吸引的，但她总是与他们吃过一顿饭之后，便不再与之往来。

我问她其中缘由，她振振有词。甲虽然很有钱，但是长得太丑，和他一起吃饭连胃口也没有；乙虽然长得标致，但油嘴

滑舌，这样的男人必然靠不住；丙看起来各个方面都好，但大她七八岁，将近四十却始终没有女伴，肯定有问题。

还未等我反驳，她便换了一副口气，望着有些阴沉的天空说道："真想知道未来是什么样子。"

我咽下那些准备挖苦她的言辞，脚步稍稍放慢，她的背影在我眼中第一次带了伤感。

因为此刻不快乐，所以人们寄希望于未来。小美有着精致的容颜，因而她想知道未来是不是有精致的爱情相配。

有好些日子，她不再奔走于周围人安排的相亲。即便母亲对她的唠叨与日俱增，她也无动于衷。

她一直在等，等那个人的身影破雾走来。尽管，她还不知道他是谁。

周末闲来无事，我们便约在住处附近的老房子咖啡厅消磨时光。阳光洒在落地窗上，窗里窗外都有暖色的光，一对对情侣或是携手走过，或是相对而坐。小美啜饮一口咖啡，精巧的杯子上留下落寞的唇印。

我把目光从窗外收回，对她说，你试着去接触、去接受。所谓的感觉不过是湖心的月光，恍惚之间，不知是在梦里还是在梦外。双手触碰到的爱情，与想象之中的爱情，往往不在同一轨道上。

恰在那时，她的手机震动起来。她按下接听键，里面传来她母亲一如既往的唠叨声。大概半个小时后，她无奈地放下电话。我笑着端起咖啡，深知她已经决定听从母亲的嘱托而缴械投降。

几天之后，小美在微信上给我发了一张照片。照片上的她，双手抱着一大束鲜妍的玫瑰，脸上是比春天更暖人的笑意。

他家境殷实，为人老实，相貌不错。这是小美对送她玫瑰之人的正面评价。

长得太白。这是小美从鸡蛋里挑出来的骨头。

他们开始频繁接触，一起吃饭，一起看电影，一起 K 歌。他把她介绍给朋友，她欣然接受，毫不抗拒。我再去她家里时，她母亲对她的数落已然变成频繁地问她，男友什么时候再来家里。

大概半月的时间，小美再次给我发微信：他长得太白了。

情人同样的话说两遍，我们就信了。闺密同样的话说两遍，我们往往会起疑。

我像往常那样责备她不要作死，她却未像昔日那般义正词严地抗议。

炎热的七月，总是让人躁动不安。

我和小美坐在经常去的那家咖啡厅里，看着窗外不时牵手走过的恋人，不发一言。热咖啡里冒出的热气，变幻着不同的姿态，如同找不到归宿的感情。

他白得不正常。小美第三次对我说出类似的话。我刚刚端起咖啡杯又猛然放下，咖啡摇摇晃晃，险些溢出来。我脸色沉下来，心想不正常的该是她。

每次出门，他都穿着长袖。这难道正常？

那么白，还要抹防晒霜。这难道正常？

问他为什么要这样，他总以"习惯"搪塞过去。这难道正常？

她看穿我的想法，不管周遭人的侧目，几乎是声嘶力竭地对我说道。

爱情是一杯纯净水，容不得任何杂质。疑心一旦产生，水便浑浊了。夕阳余晖扫过街衢，咖啡厅内亮起昏黄的灯。小美一口咖啡也没喝，任由它渐渐凉却。她曾是那样满心欢喜地接受他，然而情满将溢，却渐渐发现没有遇见对的人。

第二天，小美打电话对我说，她和他坦诚地谈了谈。她对他说出了她的疑虑，他最终也坦言他患有白血病。

简桢曾说："遗憾像什么？像身上一颗小小的痣，只有自己才知道位置及浮现的过程。"人生是一场有规律的阴差阳错，所以相互喜欢的人还是因各种现实因由而相背而去。

小美最终离开了他。日后小美想起他来时，想必是有些遗憾的。然而，遗憾无法改变结局，她仍要独自上路。

每一滴红酒都变不回最初的葡萄，我们也无法再退回到原点。既然如此，那就大步向前走吧，路上的风景这么好，余下的时间还很多，我们总有机会对迎面走来的人说一句："哦，原来你也在这里。"

花茶里包裹着优等的心

每次过年回到家后，我都会穿过一条街，去看看住在我家后排的苏奶奶。在村中上小学时，她是我的老师，教语文。她声音柔和，从未发过脾气。每次我收完作业交到她办公室里，都会看到她的水杯里漂浮着几片花瓣，这让年纪尚小的我很是向往，感觉这才是有品质的生活。

后来，几个村子的小学并成了一个学校，搬到了邻村中。苏老师年纪大了，便辞去了这份工作，在家中种种花、习习字。兴致来时，也写几篇文章，寄给镇上的报社，不管发表与否，她心中都觉得欢喜。

临近除夕，天气骤然变冷，空中又开始飘起小雪。本就寂静的街道，更是悄无声息，唯有几声狗吠，让人嗅到些许生活的气息。我在雪地上踏出两行弯曲的脚印，手中拿着一包玫瑰花茶向苏奶奶家走去。

走到苏奶奶家时，她正戴着老花镜剪纸。屋里的炉子上烧着一壶水，火苗从壶底蹿出来，将苏奶奶的脸映得通红。她旁边一个凳子上放着她惯用的玻璃水杯，我刻意瞧了瞧，发现里面仍像往常那样漂着红色的花瓣。

我把玫瑰花茶递给她，她将老花镜向上推了推，旋即笑了。她笑起来很是好看，纵然脸上皱纹越来越多，但脸上那对酒窝仍会轻易泄露她年轻时的美丽。她并不见外，即刻打开那包花茶，拈起几粒花苞放进了水杯中。

窗外下着雪，壶中的水冒着热气。苏奶奶一边剪纸，一边问我城市人的生活都是怎样的。我坐在板凳上，像是在自己家一样，随意地回答着苏奶奶的问题。玫瑰花茶的香味渐渐溢出来，苏奶奶每次抿一口，都会闭上眼睛细细体味一番。那种神情，让人感到她是在怀念某件事、某个人，或是某一段时光。睁开双眼时，她摘下老花镜定定地看着我，我有些不知所措，不安地等待着她要说些什么，过了一会儿，她的视线从我脸上移开，望向窗外越下越大的雪，只是轻轻说了一句，这花茶的味道真熟悉。

我没有接话，怕打扰到她的思绪，也怕说错什么。

在我们说话时，苏奶奶的老伴一直忙活着。端来一盘瓜子、一盘糖果，还有

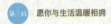

一盘洗过的水果。每当炉火不旺时，他便从院中南墙的小棚里用筐提来一些煤块，放到里面。苏奶奶每剪好一张图，他便按照苏奶奶的吩咐贴到窗户上，或是墙壁上。

虽然年纪大了，但他的脚步很是轻快。只有苏奶奶说出花茶的味道真熟悉时，他才稍稍停下繁忙的脚步。

苏奶奶望着窗外，眼神没有焦点，因而并未发现老伴的迟疑，但我从这片刻的迟疑中，仿佛嗅到些许说不出的味道。

天色渐浓，窗外的雪渐渐停驻。

我走在回家的路上，忽然想到许多事就犹如这场雪一样。它由小而大，让人觉得它永不会停下。然而，在你将要陷入绝望境地时，天已在不经意间放晴，再过些日子，雪已融化为水渗入地下，仿佛不曾来过一样。但，纵然它消失于眼前，却变了另一种姿态，永远地藏入了人们的记忆中。

或许，苏奶奶也有一段已成过往，却从未忘却的故事。

回到家时，母亲正忙着做晚饭。我洗洗手，帮着母亲打下手。母亲向来话少，从不将邻里间的琐事当作笑谈。如若我想从她口中探听些村里的事，多半要费很大的工夫。

我边摘菜，边有意无意地提及苏奶奶的近况，并告诉母亲，平时我给苏奶奶带去手绢、丝质围巾时，她都很健谈，还能说出一段与我送的物什有关的故事。但我这次送去玫瑰花茶后，她很少提及与花茶有关的事。

母亲听完，不禁一怔，神色甚为郑重地问我送的真是花茶。我点了点头。这一次，母亲并未像往常那样等我开口央求，而是主动向我说起苏奶奶的故事。

母亲嫁过来之后，曾听人说，苏奶奶年轻时，是村中的美人，两条麻花大辫搭在胸前，很招人喜欢，王新民和李健强便同时对她展开了追求。王新民在做花茶买卖，李健强是一个工匠，因她爱喝花茶，最终嫁给了王新民。

婚后，王新民从不忘给她留一包花茶，她喝水时也不忘在杯中放几瓣花，两人恩爱有加，让左右邻里极为羡慕。只是，不过几年的好光景，王新民便被查出身患心脏病。他深知自己将不久于人世，便在婚后第一次叩响李健强的家门，请求他在自己走后，好好照顾她。

苏奶奶说，人们都以为爱情是甜的，其实最美丽的爱情是苦到心里的，就像池中的那朵莲花，苦到莲心，才能绽放出最美的莲花。

她平静地接受了王新民的安排，像往常那样优雅美丽地活下去，连同他那份再体味不到的幸福，也一并接纳了。

如今，苏奶奶和李健强在一个屋檐下已生活了四十多年。

她是幸福的，被两个男人深深爱着，也深深爱着两个男人，一个埋在心底，另一个体味温暖的现在。

　　毕淑敏曾说："优等的心，不必华丽，但必须坚固。"苏奶奶曾在得到与失去中流浪，历经沉浮之后，终有了一颗柔软却不失坚韧的心。

世界是自己的，
与他人无关

第四辑

谢谢你一直在做日后愿意回忆的事。
如此，你每一种姿态，
都是岁月最美的姿态。

走过的路不会骗你

时间的力量，是一切事物洗尽铅华后，仍透出朴素的美。

十年之前，朴树唱着，生如夏花般绚烂；十年之后，朴树唱着，平凡才是唯一的答案。

一样的嗓音，却唱出了不一样的味道。但，这皆是对生活的阐释。

七岁那年，我们抓住一只蝴蝶，以为抓住了整个春天，十七岁那年，我们牵着一个人的手，以为能走到永远；如今，我们的灵魂跟不上身体的节奏，却在一首歌中，任情感汹涌如潮。

我们曾以为十年很长，十年之后我们就会变为我们所期待的样子。其实，待到岁月在我们生命中添了十圈年轮后，我们才明白，走向未来如此容易，却再也回不到过去。

朴树这一曲《平凡之路》，与其说是为韩寒电影发声，倒不如说他在倾诉自己。耐心的听者，总会听懂在这空白的十年中，他的隐忍与坚强；也能让自己的过往，倒带般一幕幕回放。

MV 中，只有一个元素：路。路途之中，山重水复，从破晓至黄昏，从正午至深夜，无限延伸，没有尽头。一直向前走，是路中之人唯一的选择，也是唯一的出口。

　　这样的画面，简约而不简单，像是漫长的一生，承载着生命之重。

　　时间，总会给一切疑问最为恰当的答案。

　　这首歌在电脑中单曲循环，我望着外面空阔的天空，想起很多年前的大学室友莉湘。

　　她是出了名的美女，高挑、细腰、长腿、丰胸。当所有人都沉浸在要找一个高高帅帅的男朋友时，她则发誓一定要嫁一个开豪车、有别墅且成熟豁达、能谈笑风生的男人。

　　于是，我们沉浸在琼瑶的言情小说中，把自己当作女主，与男主缠绵不休，而她早已优雅地走入高档咖啡厅，主动为自己创造"转角遇到有钱人"的契机。

美丽且自信的女人，即便落在人堆里，也能被轻易发现。莉湘的眼神，因满是对未来的憧憬而比旁人更为明亮。于是，一个身穿笔挺西装的男人，看到她独自品尝一杯咖啡时，便毫不犹豫地走向她，并不令人惊讶。

　　自此之后，他时常开车来学校接她，她则在万千同学的艳羡中，风光地走进那辆车。那时，她清楚地知道，自己要的是光鲜亮丽，要的是万人瞩目；她也极为明白自己已被他那风趣幽默的谈吐，被他那豁达成熟的气质所打动。霎时间，妙龄美女与成功人士的话题，风靡整个学校。

　　毕业之后，大家各自成家。我们再没有提过要找一个像琼瑶剧男主那样浪漫的人结婚，而她也嫁给了一个平凡的人。

　　再次相遇是在一家豆浆店，她还是那样美丽，但在这份美丽中，再也看不见张扬与高傲。我走过去，坐在她对面，与她相视而笑。

　　我们聊起大学时的事，曾经抠门穷气的张鹏开了一家高档酒店，老实憨厚的杨帆经常出入酒吧，其貌不扬的冯婷成了富太太过得风生水起。生活从不是我们想象中的样子。

　　我踌躇许久，终于开口问她，为何不选择那个事业有成的男人。

　　她回答说，并不是所有人都付得起嫁给有钱人的代价。

她曾经追求灯火通明的绚丽，但也把爱情捧在手心。而他温文尔雅、潇洒自信，可以与她一起分享自己的财富，甚至甘愿将自己的光环摘下来戴到她头上，但他只与她调情，从不向她提爱。他的心中有一扇门，里面锁着不可告人的秘密，甚至带些血腥味的过去。

　　她用整个大学的时光，得到的不过是一具看似华丽，实则干瘪的皮囊而已。如若嫁给他，她就要如他一样，戴着面具行尸走肉般穿梭在各个空间内。

　　当初，她走上悬崖，看到了旁人难以看到的风景，却时时要忍受失足坠落的恐惧。如今，她走下悬崖，走到田野中，终于呼吸到了最干净畅快的空气。

　　要走得足够远，才知道想要的一直在身边。
　　要轰轰烈烈过，才会在余生中甘于平淡。

　　午后斜晖，透过窗棂，照到我们面前的桌子上。我看着莉湘走出这家豆浆店，仿佛看到田野中映出两棵树的影子，树的不远处延伸着一条长长的路。

　　电脑中朴树仍用历经沧桑的声音唱着：
　　我曾经跨过山和大海，也穿过人山人海，我曾经拥有着的一切，转眼都飘散如烟，我曾经失落失望失掉所有方向，直到看见平凡才是唯一的答案。

放手，也是一种获得

公司休年假时，我决定独自去凤凰古城。

而那个当初说要陪我一起去的人，已在彼此的猜忌中，与我走散。

在这座不分四季的城中，我总觉得时光会慢下来。树荫下的老人永远在下一盘不分伯仲的棋，阿婆坐在明朗的阳光下拣清晨采摘的菜。我穿梭在满墙都是绿藤的小巷间，很轻易地想起木心的那句诗：

从前的日色变得慢
车，马，邮件都慢
一生只够爱一个人

这里的人们，总是把一天浸泡在一杯普洱茶中，牵系于一朵油桐花上。他们的脸上，没有忧愁，唯有时光的印痕。但我想，他们比任何人都懂得岁月的长情。

黄昏时，各家都点起一盏灯，等待那些未回家的人。

我拐进一条小巷，在一家很小的餐馆里坐下来。里面几乎没有人，角落里只有一个散着长发的女孩，看起来和我差不多的年纪。

　　在异乡遇见另一个异乡人，总觉得格外亲切。于是，我走过去，问她介不介意我坐在她对面。她摇摇头。

　　我点了一份苗家牛肉粉和一碗米豆腐，她则要了一份蕨菜炒腊肉和一杯冰镇米酒。开始时，我们的对话并不多，无非是问问彼此来自哪里。而后，她喝了几口米酒，脸上渐渐泛起红晕。

　　她看看天空中烧红的云彩，开始说起她的故事。

　　远方的人们，总是把伤痕剖给这座城。而它一如往昔，演

绎着属于自己的晨昏日暮。

傍晚之时，油桐花在清风中摇曳，吊脚楼上渐渐燃起灯火。

空气中散发着米酒的沉香，她的故事仍没有结束。

她与男朋友相爱三年，也相互折磨了三年。三年之中，她没有一天不翻看他的手机，微信、短信、电话记录，从不放过。每当她发现他前女友出现在他的通讯录中时，即便两人没有任何暧昧的联系，她也会将其删除。第二天再翻看时，被删除的联系方式重新又出现在了电话列表中。这般场景屡屡上演，她终于忍无可忍，直接将手机扔到他脸上。

她无法接受男朋友与前任联系，他则无法理解她为什么总是翻看自己的手机。于是，他们把爱恨全都丢给过往，重新做回人海中不相识的陌生人。

世上所有的事情，都是失去过一次，才知道珍贵；所有的道理，都是经历过一次，才会懂。我从她的故事中，看到自己的倒影。

她脸颊泛红，头发满肩，摇晃着那杯米酒，问我怎么也是一个人来这里。

不知不觉中，店内古老的挂钟已显示十一点。天色如漆，月亮攀上树梢。店主人前来提醒我们，小店将要打烊。

古老的城镇，守候着最原始的生活方式与作息时间。在此地，我们可以放下任何负担。

付完钱，我扶着东倒西歪的她，走出小店。狭窄的小巷里，家家门前都亮着一只灯笼。四周阒静无声，我们轻易就能听到彼此心跳的声音。

在这样的情境之中，有些难以启齿的故事，总如流水般轻易流淌而出。

我从未翻过他的手机，直到有一天洗衣机帮我搅出一张宾馆的房卡，我才知道我的信任，在他看来是一种放纵。因不想失去，在他坦白并发誓以后再与她不相往来时，我选择原谅他。只是这份原谅，并不彻底。我开始监视他、禁锢他，最终，我们渐渐走散。

当我们在一段爱情中，因为在乎而据理力争时，因为挽留而毫不留情时，我们终会落得两败俱伤的结局。

爱情，并没有道理可讲，它只认爱。它并不完美，但这正是爱的意义：我们给予彼此最大限度的宽容与信任，在修补缺陷的过程中，无限趋向于完美。

走出小巷，我们在最近的一座拱桥上坐下来。我自顾自地说着我的故事，一转眼，她已经在我肩头轻轻睡去。她身后散着的长发，垂在青石板上，脸上蘸着月光。

我们都曾用最为笨拙的方式，以期抓住手中那份来之不易的爱情，却不知不觉中将身边的人推得越来越远，最终陪伴自己的只有影子。

许久之后，我把她推醒，搀着她向我的旅馆走去。

今天将成为往昔，明天将如期而至。对于那些相互伤害过的人，不必再怨，无须再恨，毕竟他们是那样璀璨地闪耀过我们的星空。

那些租来的时光

你是不是也曾在北京六环外租着一间不到二十平方米的房子，是不是也曾被蛮横的房主狠狠刁难过，是不是也曾顶着西北风提着大包小包搬家？

如果你也有过这般经历，你便能真正体会漂泊在外的人对房子的渴望有多强烈。

《北京爱情故事》里，沈冰认为房子其实就是一个大水泥箱子，而石小猛则坚决地说道："那是我们的家。"

因骨髓中不具有漂泊的基因，于是国人将房子与家画上等号，将梦想直指拥有一套房子。

每个人都曾幻想过房子装修后的样子，要有一个开放式厨房，要铺花纹实木地板，要贴日系碎花壁纸，要有一个洒满阳

光的阳台。然而，这对多数人而言不过是一场梦罢了，一朝梦醒，人们总会掉入失落的深渊。有些人为了爬出这个深渊，则甘愿舍掉生命中最宝贵的东西，掉入另一个深渊。

她本拥有一个对自己呵护备至，生怕自己受丁点儿委屈的男朋友，却为了姐姐房子的首付，接受了一个有权有势男人的包养。这个故事发生在银屏上，可谁又能否认，现实比它更为惨烈？

人与树一样，没有根，便枯了。

一旦枯萎，又怎能有底气好好生活？

我们总是说，以后面包会有的，爱情会有的，一切都会有的。于是，我们理所当然地辜负当下，只等那个"一切皆有"的时刻来临。

晓楠和徐超大学毕业之后，便来北京打拼。两人在四惠附近的水南庄租了一间二十平方米的房子。半夜上厕所要走到百米之外的公共厕所，早晨刷牙洗脸要到外面的走廊里。一辆连贼都不会惦记的二手自行车，一台用了三年的笔记本电脑，算是仅有的家当。

两年之后，在双方父母的催促下，他们在老家办了结婚酒席。

结婚之后，他们在四环边上租了一间稍大点的房子。

徐超将她宠到骨子里，她却始终没有安全感。

房间虽然大了，但因是租来的，心越来越空。

没有房子，幸福便无处可放。

没有幸福，家又何以为家？

在那间新租来的屋子里，他们没有置办新的家电，没有贴上自己喜欢的壁纸，没有挂上心仪已久的窗帘，就连那套厨具，也是上一个租户留下来的。

她将就着屋内的一切摆设，也将就着过完每一天。

毕业时，她曾以为相爱可以解决任何问题；如今，没有一个属于自己的家，一切便成了问题。

有一天，母亲给她打来电话，说外婆因胃癌去世。

小时候，每次遇到不开心的事情，她总会扑进外婆的怀中。而今，她再也无法从外婆那里寻找安慰。

"什么时候回来看外婆呀？"几个月前，手机里传出外婆有些迟缓的声音。

"这段时间工作有点儿忙，下次好不好？"晓楠总觉得以后还有时间。

可是，当我们在等以后时，就已经失去了永远。

当我们永远失去时，才知道时光不会逆行。

晓楠站在外婆坟前，觉得外婆并没有离开，她只是在用一种比较残酷的方式，教她如何面对这个世界。

一只鸟飞过天空，并不为留下痕迹，它在乎的是飞翔的姿势是否优美。

我们并非在谋生。

我们是在生活。

回到北京后，晓楠和徐超商量后，决定要好好布置租来的房子。

壁纸并不是最贵的，却是最合心意的；家具并不是欧式的，却是最雅致的；厨房并不是开放式的，却溢满饭菜的香味。

从前，她称这里为"宿舍"；现在，她称这里为"家"。

其实，不仅房子是租来的，我们生活的每一寸光阴都是租来的。只是房子到期之后，可以再续；人生到期之后，却再也无法重来。租期有限，但我们可以将生活变得无限。假若真是如此，想必我们老去之后，仍愿意回忆这段租来的日子。

阳光从擦干净的玻璃窗中透进来，照亮了他们的生活。

罗曼·罗兰说："世上只有一种真正的英雄主义，那就是认清生活的真相后依然热爱生活。"我想，晓楠和徐超应当算得上生活中的英雄。

茶泡饭里的人生滋味

华灯初上，街上的格子铺小店渐次关上了门。

唯有一家小饭店在暮色四合时，挂上招牌，开始一天的营生。菜谱上只列着四五个菜系，如若客人想吃的菜恰好是菜单上所没有的，也可以点。

小梅与小鲫是很要好的朋友，每次下班后，都会来这家店。她们点的茶泡饭便是菜谱上所没有的。

　　饭店老板先将锅里的冷饭盛出，再泡上一壶茶。茶的香味四散开来，窗外银雪挂上树梢。小梅和小鲫双手托腮，说着对爱情的向往。

　　她们都是二十五六岁的样子，谈过几次恋爱，都是无疾而终。父母托亲戚给她们安排了几次相亲，她们则以各种理由婉言拒绝。

　　相亲？开什么玩笑。

　　婚活？绝无可能。

　　追求纯洁的爱情，不能向现实妥协。这是她们对自己，也是对彼此许下的承诺。

　　岁月如此美，因它在不断流逝；爱情如此美，因它百转千回。女人爱美，于是总是在不断流逝的岁月里，追逐这变幻莫测的爱情。本以为可借爱情填满生活的遗憾与缺陷，却总是在受伤之后才恍然明白，爱情制造了更多的遗憾。

　　窗外走过的行人呵出一团团白气，屋内的炉火映照着他们的脸。

　　饭店老板将茶倒入盛有冷饭的两个青瓷宽口碗中，然后根据她们的口味，在小梅的那碗里加上酸酸的梅干，在小鲫那碗里添上一尾鲜美的小鲫鱼。

正当她们的肚子咕咕叫时，老板便将茶泡饭送到她们面前。

爱情缺席时，友情可驱走寂寞，美食则可抚慰心灵。记忆梗上，那些披着悲伤情绪的花朵，便可兀自凋零。

每次吃茶泡饭时，小梅都会先将梅干一粒粒吃掉。她说，把最喜欢的东西先消灭，然后带着美好的味觉去吃余下的食物，这样整碗食物便都沾上了最喜欢的味道。小鲫则把最爱吃的鲫鱼留到最后，她说，因为知道最终会吃到最好的，所以会不慌不忙地品味茶泡饭本身的醇香。

无论哪种吃法，她们无非是在寻找生活的希望。

一条很短的街，可以走很长的岁月。一段很深的情，有时竟熬不过寒冬。

树下的积雪渐渐融化，行人换上了薄一点的衣衫。那家在黄昏时挂上招牌开始营业的小饭馆一如往昔，只是已经很久不见那对点茶泡饭的朋友。

小梅恋爱了，又失恋了。她失恋后，小鲫便恋爱了。小梅的前男友，即是小鲫的现任男友。

从前的悲喜，在她们触碰到情时，全然化为灰烬。她们面前仍延伸着往昔那条路，但她们已无法同行。

在各自转弯之时，小梅劝小鲫，离开他吧，他会伤害你。小

鲫心存敌意，固执地认为小梅是在忌妒。于是，两人大打出手。春天的阳光洒满她们因愤怒而涨红的脸颊，却无法照到她们的心里。

舒婷写道："我的甜柔深谧的怀念，不是激流，不是瀑布，是花木掩映中唱不出歌声的枯井。"情可深如海水，也可薄如蝉翼。在由深至薄的过程中，对往昔的怀念犹如那口枯井，再也打捞不起抚慰人心的清冽之水。

每天下班，小梅都会路过那家可以吃到茶泡饭的小饭店，透过玻璃窗看看她与小鲫曾经坐过的位子，然后落寞而去。只要她走进去，老板定会耐心地给她做一碗加上梅干的茶泡饭。然而，饭菜是有记忆的、有感情的，没有了陪自己吃茶泡饭的人，这道饭也就失去了它原有的功效。

有一天，小梅路过小饭店时，发现小鲫正坐在靠墙的位子上。

小梅掀起门帘，走进饭店，像往常那样坐在小鲫对面。

小鲫向小梅抱怨，我已经和他分手了，怎么会有这么差的男人。我买衣服时，他在一旁旁观也就算了，他自己买衣服时，也以忘记带钱为由让我垫付。他向朋友介绍我时，竟然说我是他表妹。一起逛街时，他看见美女，总会盯上大半天。

小鲫脸上全是肆意横流的泪水，不是因她爱的人不爱她，而是觉得对不起小梅。

小梅给她递过去两张纸巾。

爱情浓烈时，便会丢掉友情。爱情千疮百孔时，友情则回过头来抚慰这些伤口。

灯火阑珊处，等你的那个人，时常不是你深爱的人，而往往是那个你深深伤害过的姐妹。

老板把那碗添了梅干的茶泡饭放到小鲫面前，把那碗加了鲫鱼的茶泡饭放到小梅面前。她们先是愣了愣，然后拿起筷子，狼吞虎咽起来。

窗外的柳枝，萌出新芽。一只燕子，悠然停在树梢。小店对面的格子铺，亮着一盏灯。

小梅说，鲫鱼的也蛮好吃的。小鲫说，下次我还要吃添梅干的。

以梅干换鲫鱼，会品出不同的味道。

以你心换我心，千山万水都会相伴而行。

痛过的伤口终会绽放出一朵花

小倩失恋后，晚上总是到我这里来睡。她说两个人曾经住的地方，密密麻麻的都是回忆。壁纸上歪歪斜斜贴着两人亲密的大头贴，桌上摆着成对的水杯，床角堆着成双的抱枕。熟悉

的环境，熟悉
的味道，让
她无所适从。

我们两个
挤在一张床上，
每晚她都翻来覆
去睡不着，长时间地
盯着天花板。外面清凉的月
光透进来，照亮了她的眼睛，却
照不亮她的心。

刚刚失去爱情的人，心总是盲的。
即便周遭满是亮光，心也看不见。

许久之后，她迷迷糊糊睡去。梦中
又像是过电影似的，一幕幕回放过去。
待到醒来时，枕巾已湿了大片。我递给她纸
巾，她肿着眼睛边擦边笑着说，爱情好像就是一个还泪的过程，
从前的那些欢笑，其实都是裹着糖衣的泪水。曾经的幸福，也
都是日后的伤口。和他在一起时，我从不曾想到，我会如此幸
福，但我同样不曾想到的是，幸福会结束。

有些道理，我们都懂，只是我们都选择卑微地对抗，以
为凭着飞蛾扑火的精神，便能去抵抗那些千古不变的世事人

情。最终，留下来的人，只得以一颗支离破碎的心，去承载整个回忆的重量。

去年冬天，北京的雪下得格外大。小倩租住的房子，暖气开得并不足，一到周六日时，她就带上一个笔记本，躲到附近那家可以喝咖啡的小书店里。书店内桌明几净，音响里播放着温暖的轻音乐，不规则的书架上摆放着各类书籍，最重要的是，这里一点儿也不冷。她总是要一杯卡布奇诺，从书架上随便抽一本书，坐到角落静静翻阅。

她每次去时，都会看到一个男生，坐在她常坐位子的左后方。他并不翻看任何书，而是在一个很厚的本子上，用彩笔勾勒奇奇怪怪的线条。

爱情来时，总是让人猝不及防。小倩自顾自地看着书中的风景，却不知道自己已经成为别人眼中的风景。她看书总有摘抄的习惯，有一天当她看到一句很好的诗句，想要记录下来时，却忘了带笔。于是，她转过身来，打算向绘画的男生借，却发现他正在画她的侧脸。

当初小倩臭屁地给我讲这段故事时，我还边羡慕边嘲笑她，都多大了还活在童话里。

几乎每个人都希望自己遇见一段童话般的爱情。然而，走进童话容易，走出童话却如此艰难。

童话是玻璃，玻璃碎时，住在其中的爱情也就被划伤。

他带她去现代美术馆，向她介绍每一幅画背后的故事；他在落雪之时带她去写生，画下白茫茫的原野，也画下她的身影。他什么话都对小倩讲，却没有告诉她，他是东京美术学校的留学生，那里有正等待他回去的女朋友。

他搬出小屋时，甚至没有向她做出任何解释。

解释，其实是一种掩饰。在爱情中，越是掩饰，越是漏洞百出，倒不如什么都不说。他是如此聪明，自始至终都掌握着爱情的主动权。

那一晚，我迷迷糊糊睡着之后，小倩轻轻把我推醒，我下意识地要去拿纸巾帮她擦眼泪，却被她死死拽住。她坐起身来，靠着床头，异常冷静地说："其实，他靠我最近的时候，是与我擦肩而过的时候。"在我还未来得及说些什么时，她又开口问我："他有没有爱过我？"

月光静静流淌，我不知道该怎么回答。为了安慰她，我该说"一定爱过"。然而，曾经爱过，如今不再爱，未必不是更深的伤害。为了彻底让她死心，我该说"没有爱过"。然而，我又不能解释，为何他明明不爱，却非要招惹她。

许久之后，她见我不说话，便叹了一口气，然后默不作声地躺下。

"等到冬天再来时，我想我就会忘记他。"我想，小倩这句话，是对我说的，也是对她自己说的。

心的容量有限，爱情离开后，别的事物就会涌进来。当时间足够久远时，属于他的记忆便会被挤出来。

第二天，她收拾好放在我这里的衣物，便回到以前住的地方。

回去之后，她撕下壁纸上贴着的大头贴，以及那幅有着她侧脸的画，收起曾经与他一起使用的杯子，把成对的抱枕寄存到我那里。

夏意渐浓，她为了蹭空调，仍然像冬天那样一到周末，就抱着笔记本跑到那家书店。只是，她每次出门之前，都不忘看看包里是否装有笔。

前几天我下班后没事干，想起已经好久不和小倩联系，便坐上了去小倩家的地铁。等我到她家时，她正在厨房里忙着做饭。桌子一旁还放着一个烤面包机。我连连惊叹，真不知道要说什么。以前，她是从来不进厨房，不自己做饭的。

大概半小时后，铺着素净桌布的餐桌上便摆上了一盘虾仁蒸豆腐，一盘青椒鱿鱼丝，还有一大碗紫薯汤。我食欲大振，狼吞虎咽吃起来，不知为何却吃出了眼泪。这次递纸巾的人，换成是她。

心和胃离得很近，胃填饱了，心也会感到温暖。

小倩告诉我，她现在生活很规律，一日三餐从不误，而且都是自己精心做的。即便犯懒只想煮方便面凑合，她也会在里面放上两个荷包蛋。曾经两个人时，总是将对方的喜好当作自己的兴趣，那人离开之后，才明白再也没有人比自己更重要。

他是不是爱过她，对她而言，已经不重要。重要的是，她用心爱过，也用心哭过。更重要的是，她已经懂得如何宠爱自己。

"你还相信爱情吗？"我边吃边问她。

"我在用力将自己变得更好，这样，下一段爱情来时，我才不会手足无措。"小倩拿出刚刚烘烤好的芝士蛋糕，放到前不久刚买的瓷质碟子里。

在这长长的一生中，我们遇见的某些人，并不会陪我们走到老，而是在我们心上划下一道很深的伤口，当时我们只知道疼痛，慢慢地，我们就会明白，这痛过的伤口终会绽放出一朵花。

第五辑

在你心里，
也在咫尺天涯

深情，
不在言语，而在心上。
走过万水和千山，
一切守候终有归途。

星河滚烫，你是人间理想

一间并不大的屋子里，正中央用一层薄纱隔开，挨着门的一侧放置着一张木质座椅，薄纱内侧则支起一个画架。

一位画家站在画架前，根据坐在薄纱另一侧的人对自己的描述，画出他们的素描肖像。

"你认为自己最好看的是哪一部位？"画家并没有停下自己手中的画笔。

"嘴巴。上唇微微翘起，唇线轮廓分明。"坐在椅子上的女士不自觉地微笑起来。

"那么，说说你最不满意的地方。"画家将她刚刚说完的特征画在纸上。

"眼睛。单眼皮，很小。"提及此时，她的神色有些黯淡。

除此之外，画家又问了她一些其他面部特征。大概半个小时之后，素色纸上便出现了她的肖像。

听从画家的嘱托，她走出画室之后，便与下一位要进画室的人随便聊几句天。

薄纱依然将画室隔成两半，下一位走进来的人坐定之后，画家已铺好一张崭新的画纸。

"说说上一位女士最好看的地方。"画家已经准备好开始作画。

"她脸上的酒窝最好看，笑起来给人温和的感觉。嘴巴也不错，很小很吸引人。"她边回忆边说。

"她的眼睛很丑吗？"画家将画笔挪至眼部。

"她的眼睛虽然不大，但是很有神，笑起来像月亮一样。"她否定了画家的说法。

画家根据这一位女士的描述又为上一位女士画了一张肖像图。继而，他又问了这位女士同样的问题，为她画下了肖像图。

以此模式，大概半月之后，他已经为二十位女士每人画下了两张画，一张是根据画中之人自己对自己的描述，另一张是根据别人对她的描述。

画家耐心地为每一张画镶上镜框，将每个人的两张画并排挂在画室内。

薄纱被撤掉之后，屋内宽敞了几分。晨光透过院落里的枝叶照进来，铺在那些画上。

走进画室的人，看到自己那两张不同的画像后，不禁红了眼眶。

置身事外的旁观者是最为公正的评判者，因不存在偏见，不存在期望，而我们总是对自己格外苛刻，期待过高，那些微不足道的缺陷仿佛是一枚黄叶，遮住了双眼，黯淡了整个世界。

因而，墙壁上的画像，一张脸上满是对自己的嫌弃，一张温柔平和，眼角眉梢堆积笑意。

我们以为镜中的自己很丑。

其实，我们比想象中更美。

对此，我们大可不必大惊小怪。这并非镜子出了问题，也不是旁人的故意讨好，而是我们因不够自信而把自己丑化。

有人曾说："此生，是为了发现自己而来。此生，是为了与自己相见而来。"然而，有几多人，只求遇见更好的自己，而嫌弃当前的自己，忽略最为真实的自己。

很短的一则漫画，看后却让我唏嘘不已。

春意渐浓，小区前的河开始解冻，一群野鸭浮游其上，道旁的柳枝镶上似有若无的嫩绿。

我和小青相约随处走走。

在路上，她告诉我说，最近一位很优秀的男子在追求她，她也很喜欢他，却迟迟不敢回应。我有些不解，猛然停下向她索要理由。风还是有些凉，她把搭在胸前的围巾又在脖颈间绕了一圈，声音有些沙哑。

她告诉我说，她认为自己不漂亮，身材不好，性格有些内向，不知道他为什么会喜欢上自己。

那一刻，我终于明白，原来那则引起我内心悸动的漫画并非无中生有。

小青双眼好似夏夜晴空中的星星，晶莹而清澈，她竟然说自己不漂亮；她一米六五的个子，雪纺裙穿在她身上，尽惹得街上行人注目，她竟然说自己身材不好。况且，每当朋友有事请她帮忙时，她从不推辞。

我问她，你对自己哪里不满意。她说希望自己的鼻子再挺一点，皮肤再白一点，稍微瘦一点。听完之后，我不知如何作答。

原来，正是这些不值一提的小缺陷，渐渐长成了一枚硕大的叶子，挡住了她的视线，以至于在别人眼中漂亮迷人的她，在自己眼中是如此丑陋。

对缺陷耿耿于怀，优点消失至无。

看不见真实的自己，又怎能看得见这五彩缤纷的世界。

以心为鉴，以欣赏为镜，暗淡色泽也能闪出亮光。

最好的离别，不问归期

好友兰已有八个月身孕，去她家看望她时，正赶上她要去医院做检查。于是，我放下给她带来的一些补品，叫来一辆出租车，陪她一起前往医院。路上很堵，快到医院时，车基本上不挪动。我们只好下车，步行走去。

兰一手托着肚子，一手挽着我的胳膊，时不时跟我说句话，脸上有着准妈妈独有的幸福。转弯时，恰好路过一所小学。很多孩子的小手蜷缩在妈妈手心里，眼神里带着些许怯懦。待到上课铃声响起时，妈妈们的手松开，孩子便一边小跑着奔向教室，一边回头看着离自己越来越远的妈妈。

我和兰站在学校门口，像是某一位孩子的家长，看着他们逐渐消失

在自己的视线里，并且知道这不是第一

次离别，更不是最后一次。

　　校园里很快安静下来，教室里响起稚嫩的朗读声，家长们纷纷转身离开，脚步像地上的落叶那样纷乱。

　　我忽然想起，很多年前的那个九月。

　　那一天，阳光也是那样柔和，叶子偶然飘落。我去大学报到，父亲借了邻居家一辆小型货车送我。未出小镇时，我看到家家户户的树上结满了果子，从院落伸到并不宽阔的街道上来。将近三个小时后，我们便到了大学所在的城市。我透过那扇满是灰尘的玻璃窗，看到柏油路两旁整齐划一的高楼，上行车道和下行车道中间是一排依然青翠的松树。

　　正当我幻想着学校的样子时，父亲却将车停靠在公交站牌旁，将我的两个行李箱卸下，并嘱托我坐67路去学校。正在那时，一个交警走来，告诉父亲这里不让停车，父亲看了看我，欲言又止，转身坐进了车里。

　　小型货车冒着浓烟"噗噗"驶出我的视线，我终究没有告诉父亲，他穿着的那件上衣背后破了。

　　67路公交开来后，很多人挤着上了车。而我还站在父亲将我放下的地方，旁侧放着前些天刚买的行李箱。

　　工作后，回家的次数越来越少，因而与父亲告别的次数

也越来越少。

　　每次离家，平日里很节俭的父亲，总会买一张站台票，亲自将我送上火车。我坐在车内，他就站在窗外，一块玻璃像是一条没有边际的银河，将我们隔在两个不同的时空里。每当那时，我都很期待火车开动的一刻，因为我怕再过一秒钟，就会看见父亲的眼泪。

　　几下晃动之后，火车缓缓向前驶去。我看到玻璃窗外的父亲，慌忙地走了几步，又停下来，像孩子那样无助。

　　自始至终，我都没有看见过父亲的眼泪，但我在陌生人惊愕的眼神里，看到了自己的眼泪。

　　九月的风有些寒，我和兰在学校站了一会儿，便继续向医院走去。

　　坐在产科室外等待检查的每一位准妈妈，都像是在完成一项伟大的使命。由于兰前面还有很长的队伍，我们决定到外面透透气。

　　我拿出包里装着的杂志，让兰垫着坐下，以免受凉。坐在我们旁边的是一个四五岁的小男孩和他的父亲。一片落叶飘到他面前，他好奇地捡起叶子，问父亲这是什么。父亲回答后，他又接着发问。树叶一片又一片落下来，小男孩就一次次捡起，一次次问这是什么。儿子的每一次发问，父亲都极为耐心地回答。

兰转过头对我说，有一年她和身患阿尔茨海默症的母亲坐在院落里，忽然有一只麻雀停在她们脚边，母亲显然受到了些许惊吓，便问她脚边的那个东西是什么，她告诉母亲，那不过是一只麻雀而已。当母亲又一次问起时，她已经稍显不耐烦。当母亲第三次问起时，她便将那只麻雀吓走，拒绝回答母亲那不知何时能终结的问题。

秋风拂动树梢，落叶飘到地上。我们旁侧的小男孩仍在问父亲同样的问题，他的父亲始终像第一次听到这个问题时那样认真地回答。

我看着兰，她的眼睛有些湿润，她的右手一直在摩挲鼓鼓的肚子。

情侣朋友之间的爱，让彼此靠得越来越近，而父母与孩子之间的爱，让彼此越来越远，直到在彼此心中只剩下一个模糊的背影。

当爱情走到柴米油盐

下午五点半，整理好桌上的文件，在便签上写上明天的工作计划，关上电脑，走出办公大楼。

天色尚早，夕阳的余晖洒在我走过的"雕刻时光"玻璃窗上，天空白云流转，抬头时竟然有一枚淡白色的弯月悬挂在树梢上。走进地铁，像是穿过一条条隧道，下班的人群像是飞倦了的鸟，迫不及待地飞回鸟巢。我靠在两节车厢相衔接的部位，戴上耳机，闭上眼睛听电台播放的怀旧金曲。

　　走出地铁后，街灯全亮，像是为黑夜专心致志地守候。地铁对面的那家味多美店里，摆放着色味俱佳的甜点，我舔舔嘴巴，方才觉得肚子有些饿了，只好走进去选了一块草莓奶油蛋糕。

　　很少进厨房，更不曾逛过菜市场，像中年妇女那样提着菜篮子讨价还价，于我而言也是极其难为情的事。因而，多半情况下，我和男友总是吃外卖，吃得腻了便去超市买些半成品回家稍微煮一下，凑合着吃。厨房落了一层灰，碗筷已经许久不用。虽然免去了做饭的麻烦，吵吵闹闹却总是免不去。

　　前几天又为芝麻点的事吵了几句，更是没了吃饭的心思。在清风吹拂下，我迈着碎步慢慢踱回家。路边的小区里，家家户户亮着灯，透过玻璃窗，隐约可以看到一家三口进餐的样子。尽管是夏天，傍晚的风灌进心里时，还是觉得有些凉。

　　我转动钥匙，打开房门，尽管前几天有不大不小的争吵，但他还是一如既往地接过我肩上的包，接过我用来防晒的外套。所不同的是，他的腰上竟围着买来后便被搁置一旁的印花围裙，厨房的灯也亮着。刀、铲、瓢、碗、筷、勺，刷得锃亮；案板上放置着切好的葱花，微波炉里小火炖着大骨汤。

厨房鲜活起来时，一天的疲惫倏然褪去，爱也便不计前嫌似的苏醒。味蕾，总是能唤醒我们对美好生活的渴望。

在那一刻，肚子咕咕的叫声，也带了几许幸福的味道。有人说，最深最重的感情，必须和时间一起成长。然而，如若没有厨房里锅碗瓢盆的伴奏声及油盐酱醋的调味品，感情终究是苍白无力的。市井烟火的感情，或许是人世间最俗气的感情，却也是最浓厚的感情。

心中的坚冰渐渐融化，我把将要涌出的眼泪生生逼回。换上轻便的衣服后，我帮着打下手，看着他

手中翻飞的锅铲，在缓缓流逝的岁月中指明蜿蜒却分明的相爱之路。

像是一种回归，进入厨房的那一刻，我们都从心心念念要去远方看一场春暖花开的稚气少年，变成了闻晓厨房弥散的香气便觉心安的俗气人。

他把围裙解开，掀开桌上反扣的敞口瓷碗。热气盘旋着冒出，他像是为我打开了一扇优质生活的门扉，又像是小心翼翼地为我拆开一个丰盛的包裹。如此真挚赤诚，又如此柔和温暖。

糖醋排骨、煎蒸带鱼、大骨肉汤，以及蒸好的米饭，饭桌上承载的不仅仅是饭菜，更有可以继续延续下去的，平凡却香醇的日子。

他懂我的味觉，我懂他的心思。

除了父母，也只有他会为我做这些。他试着去了解我的胃，就像他愿了解我不为人知的过往，以及我只会发泄在他身上的坏脾气。

一盏亮着的灯，玻璃窗上呵出的热气，碗勺碰撞的声响，让我们真实触到了生活醇厚温和的纹理，以及深沉敦实的质感。

我们坐下来吃饭时，脑中不知为何突然冒出不知从哪里看来的句子："与发现一颗新星相比，发现一款新菜肴对于人类的幸福更有好处。"不自觉间，我笑了出来。他问我笑什么，我只是摇摇头。借着氤氲的饭菜的香味，他掐准了时机轻轻问我，以后还吵架吗？

我喝下一口汤，等醇香沉淀在胃里时，才悠悠回答："有厨房在，就吵不散。"

人对气味的记忆最敏感，也最持久。美味的食物，不仅仅用来果腹，更给我们一种蕴含着幸福的饱满与丰饶。

无可否认，一碗汤，一盘菜，竟是爱情最好的黏合剂和调味品。渐渐地，沾了酱油味的爱情，就从雾霭缭绕的半空中，走到了坚实的大地上。纵然褪去了光环，到底已经准备好要相互扶持着走向白头。

那一晚的月光与平日并无差异，但我觉得那蛋黄般的色泽，着实暖了人心。

就把祝福留在街角

因工作要求，我需要拍摄一些意境唯美的图片。七月天气正值炎热，因而趁着阳光还未毒辣起来时，清早我便带上相机前往南锣鼓巷。

由于不是周末，人并不是太多。平日里热闹的小巷子，添了几分落寞的味道。树梢上的蝉鸣与按动快门的咔嚓声，更衬托了此地的安静。一扇半掩的门扉，一朵墙角兀自开放的小花，排列参差错落的明信片，半明半暗的石阶，都是我拍摄的对象。

那天穿了一双稍稍带跟的鞋子，因而大概一个小时之后双脚便有些疼痛感。在小巷深处，恰遇到一家奶茶店，我便决定去里面稍作歇息，然后再继续捕捉动人的景致。

我点了一杯芋圆红豆奶茶，找了一个角落坐下来。奶茶的香味慢慢弥散，我揉揉脚踝，开始查看刚刚拍下的照片。有些图片很美，但或是曝光过度，或是角度不好，百十来张图片中让我满意的寥寥无几，我不禁叹了口气。

旁边一位女孩儿手中握着一杯香芋奶茶，听到我叹气之后，便转过头对我说，她已经看我很久了，可不可以看看我相机里的照片。我有些惊讶，也有些难为情，毕竟我拍摄的照片的确拿不出手，但看着她殷切的眼神，还是把相机给了她。

她的睫毛很长，眼睛里透着与常人不同的光亮，在看照片的过程中很专注。我被深深吸引，不由得对她说："你的眼睛真漂亮。"

她的视线从相机上转移到我的脸上，瞬间错愕之后，她缓缓说道："因为我整过。"

太阳稍稍挪动了位置，小店走进一些人又走出一些人。

因不必故作坚强，置身于陌生的风景中和陌生的人面前，我们可以放纵地流泪，轻易地撕开伤口。故而，她毫无防备地给我讲述了她的故事。

因为公司和租住的房子挨得很近，她每天都步行大概十五分钟去上班。有一个下雨天，路面很滑，她撑伞转弯时，恰有一辆车飞驰而过，将她蹭倒。因大概还有百米便到公司，第一时间，她并没有给她男朋友打电话，而是打给了平日里关系比较好的同事。

经过检查之后，她的身体并无大碍，但是右眼因碰到路上的石子需要做手术。她同事将一切安排妥当之后，便通知了她的男朋友。她本以为他即刻便来，而他第二天才到医院。当他看到她脸上青紫相间，右眼缠着纱布的样子后，便从钱包里拿出五千块钱放在病床上，转身走出门外。

片刻之后，她收到他的一条短信："对不起，这样的你，我不能接受。"

我手中的奶茶少了一半，她手中的相机生了些汗渍。偶尔有一阵风吹来，吹起她及腰的长发。她的眼睛，没有焦点，随意落在一件物什上。

她仍讲述那未完的故事。第二天，她父母从外地赶过来，陪她做了手术，而他便真的再也没有出现。每当父母问起他时，她总是淡淡说一句"分手了"。

手术之后，她的眼睛成了一大一小。她照镜子照了很久之后，终于对父母说她决定将眼睛都拉成双眼皮，以让眼睛看起来大小一致。她父母都是庄稼人，最初坚决反对女儿在眼睛上再次动刀，她细细为他们讲解之后，他们才勉强同意。

整过之后，她的眼睛便成了现在这样子：双眼皮，很有神，好像闪着光。

去年冬天，她和他都参加了大学聚会。当他看到比以前更美丽的她时，便主动走过去与她坐在一起。

李碧华曾说："何谓不合时宜，秋天的扇，隆冬的夏衣。还有，当我的心已经淡漠了你才殷勤。"他开始重新追求她，给她送花，送礼物，约她吃饭，下班后去她公司楼下等她。她成了最好的自己，而他已经不配拥有。

有的爱情好似叶子，秋天落了第二年会再长出；而有的爱情则如时光，过去了就永远没有了。追求无果之后，他则对外宣扬，是她移情别恋。

我问她，有没有恨过他。

她笑了笑，恨比爱更辛苦。那时，她已经不愿在他身上浪费任何精力。至于现在，事情已然过去许久，就更不必耿耿于怀。如今，她只能把祝福留在街角，愿彼此安好。

奶茶门口晒太阳的那只小猫，慢慢走进店内，蜷缩在她及地的长裙里。她放下相机，笑着将它抱起，她的发丝垂在小猫身上。我看着这一幕，忽然有种想给她拍一张照片的冲动。

我说出这个想法之后，她大方地应允。我本想把小猫也拍进去，谁知它趁我们交谈时，悄悄溜掉了。于是，她拿出包里装着的一本书，翻开放在桌子上，然后她闭上眼睛，静静趴在书页上，桌上的那杯香芋奶茶像她一样暖人。

快门按下的那一刻，我知道这是今日摄影最大的收获。

所有的风景，都不及一个在岁月的变换中放下心事的女子。

青葱岁月里，恰好出现的人

在漫长的时光中，我们都在不知不觉中，从手中握着大把青春、无所畏惧的姑娘，变成了家庭主妇的模样。

头发不再染成绚丽的颜色，穿的衣服不再有时尚的破洞，家中布置得犹如宜家的样板间，进入厨房能做得一手好菜，如若有一个烤面包机，便能烤出胜过甜品店的味道。回想起过去那些放肆的时光时，不过淡然一笑，像是从书中看来的故事。

意识到这些时，我们不知是为自己的心终于有了定力而高兴，还是为自己已然无权享受年轻恣意的资本而悲伤。

夏日白昼很长，傍晚之时，阳光穿过枝丫照到脸上，依旧觉得灼热。

周五下班后，我和同事青都没有要事要做，便拐进了附近一家烤鱼店。那时，店里的人还不多，我们找了一个较为安静的角落坐下来。烤鱼冒着热气，我们有一搭没一搭地说着话。胃里虽然不太寒，但我们仍抵住了诱人的冰激凌冷饮，更不曾要一杯清酒，只是要了一壶热茶。就着清香喝到胃里时，着实觉得熨帖温暖。

让我们感到意外的是，那一天店里竟有不太出名的歌手驻唱。轻民谣风，不聒噪，都是一些老歌，有时我们也跟着哼起来，像是从过去借来的一段时光，很是惬意。一个年轻的女孩撑着太阳伞，静静地站在窗外，把玻璃窗当作镜子，细心地看自己的发丝有没有乱。那蕾丝的伞沿像是她的裙摆，有着十七八岁的纯色浪漫。

烤鱼没下去多少，壶中的茶已所剩无几。服务员来给我们续杯时，不禁笑着对我们说，像我们这种夏天只爱喝热茶的人，真是不多见。我们抿嘴一笑，并不说什么。

是啊，难道要说自己脸上与心间皆刻着纯良妇女的规范吗？

很多事情与青春绑在一起，再恣意妄为，再荒诞不经，也可与美好沾上边。然而，一旦没了青春的庇护，那些放纵与落拓的行为，则成了一种荒唐。

店内的人渐渐多起来，民谣歌声混杂着人们的说话声，又是另一番情调。天色由淡转浓，树梢上挂着一枚浅浅的月牙，街灯次第亮起来，北京的夜从来不寂寞。

我和青不由自主地拿出手机，看了看时间，正要向对方开口说回家，我的手机忽然响起来。滑动接听后，我听到电话里满是嘈杂之声，倩大声说她和珊在一家酒吧，要我们也一起过去。放下电话之后，我和青不知是像往日那样按时回家，还是疯狂一把，再次体味夜的妩媚。

弹着吉他的歌手轻轻地唱着："夜晚你含泥土的气息，纯然原始的粗犷……"

我和青喝下最后一口茶，委婉告知家中等待自己回家的人不必再等，背起包走到前台付款，而后拦住一辆出租车，向司机说出那家酒吧所在的地址。街道两旁的建筑急速后退，我们把车窗摇下来，让风托起及肩的长发。

那一刻，我们感到旺盛的青春并非一去不返，它只是睡得比较沉，当你深情呼唤它时，它便会苏醒过来。

那是一家具有乡村风格的酒吧，朝街的墙壁由殷红色的方砖垒成，墙壁上参差错落地挂着玻璃酒瓶，窗子上面垂着青翠的吊兰。

我和青穿过人群，找到倩和珊。倩姿态悠然地端着一杯"玛格丽特"，珊笑吟吟地饮下一小口马提尼。我和青坐在她们为我们预留的座位上，点了许久之前去酒吧常喝的 Mojito，里面青柠的味道像是雨后的枝叶，叶脉分明，干净清新，有些酸涩，也有些甜蜜，我把它称作初恋的味道。

音箱里放着轻柔的美国乡村音乐，我们旁边一个德国帅哥揽着一个中国女子的肩膀。渐渐地，我们在陶醉中都有一点微醺，彼此开始解开往事的纱幕，云淡风轻地说着过去的美好与伤痛。

倩摇晃着酒杯，说她曾为前前男友割破手腕，以为离开他天地便暗淡无光，以为再也爱不上任何人，如今早已相忘于江湖。珊告诉我们说，她是单亲家庭，没少被邻家的孩子欺负，没少被同学嘲笑，直到她考上重点大学后，这种局面才有所改观，说完之后她甩了甩高高扎起的马尾，像是要甩掉往昔烟云。青平时寡言少语，沾酒之后，也打开了话匣子。

我喝着那杯有着初恋味道的 Mojito，心中有些怀念，也有些释然。

值得庆幸的是，我们弄丢了一些人，但在生命的岔路口，我们总会遇见另一些人，他们知道我们有着这样或那样的缺点，但还是爱着我们。我们受过伤害，却像未曾伤过那样投入下一次恋爱，直到我们遇见可以相守到老的那个人。

走出酒吧，已是凌晨两点。街道上冷冷清清，街灯将我们的身影拽得格外长。风迎面袭来，将我们身上的酒味带向远方。脑中清醒了些，我们大声唱着："那片笑声让我想起我的那些花儿，在我生命每个角落静静为我开着。我曾以为我会永远守在她身旁，今天我们已经离去在人海茫茫。"

正唱得起劲儿，倩忽然停下来，说："我们为什么不去KTV？"

就这样，我们在 KTV 里唱到了天亮。

我们曾笑过那些一下班便急着回家煲一锅汤、炒几个菜的人，如今岁月已将我们调教成贤妻良母的样子。偶尔放肆一回，才惊觉，时光并非我们想象中那样吝啬，从它掌心偷来片刻欢愉是如此容易。

其实，无须将过往看似自由不羁的生活状态，与当下有些刻板、宠辱不惊的生活状态相比较，因为会生活的人都明白，拥有的即是最好的。

上锁的日记，封存的心事

想人想得热烈时，那种感觉也是淡淡的，就像是行走在路上的人，远远地看到了袅袅升起的炊烟，但知道这炊烟不是自家的。

想念，我们有时分不清是在想念过去那个人，还是想念那段有他存在的时光。在岁月的变换中，我们总说我们爱的是那个人，最终与我们牵手的则是另外一个人。其实，是因为我们也已变成了另外一个人，自然要与另外一个人相配。

三月份回家时，家中正在装修。因而，从前穿的衣服。上学用的课本以及习题册全都被翻出来，堆放在院落中的葡萄架下。

阳光透过葡萄枝叶，在那些旧物上筛下婆娑的阴影。负责装修的人进进出出，不大的院落中更加拥挤。我也帮不上什么忙，便坐在葡萄架下的板凳上随意翻看这些属于过去的东西。

追忆是一件辛苦的事情，欢愉的过去，我们想抓住不过是徒劳；痛楚的往昔，我们想忘掉却记忆犹新。每一件旧物都装了些记忆，那不喜欢却始终未曾扔掉的一件，必定与伤心的情节有关。

电钻声嗡嗡响起，前来我家凑热闹的小孩子都捂起耳朵。然而，当我的视线落在那本落了灰尘的日记本上时，震耳欲聋的杂乱声渐渐变弱。轻轻弹开灰尘，便看到了青涩的时光在旧舞台上的表演。

有些事情回头看时，才觉得历历分明。那些如水草般纠缠的情节，唯有时间能梳理通顺。

下课铃声响起时，安静的教室猛然变为喧闹的集市。小钰把我叫到教室外面的走廊里，递给我一个黑色封面的日记本，让我替她保管，等到她有一天想看时，再收回。

高中生的忧愁，总是不知从何而起，没有固定的形状，也没有特殊的气味，却实实在在存在。看似轻盈，却真切地压得我们透不过气来。

我俩望着高远的天空，不说话，直到上课铃声再次响起时，我们才慢腾腾走回教室。

数学课上的三角函数，我们从未解开过，正如日记本里那解不开的情缘。

她的日记，我只看了两页，并没有看出所以然来，只是隐约觉得她与张坤之间有着不知从何说起的故事。

高中三年，换了三次宿舍，每一次都丢掉很多东西，却从不忘拿那本日记。不仅仅因为日后要归还，更因其中记着他们共同走过的岁月，记着时光，记着爱。

过去的日子，像是动人的风笛飘散在山谷，然而当我们追忆时，只听到苍凉的风声。

十年之后，伴随着此起彼伏的装修房屋的声音，我开始认真读小钰的日记。从前看不懂的字句，如今却如胶片显影般渐次分明。

"情"这个字，何其温柔，如同一条柔韧的草绳，却几乎勒痛了所有人的心肉。

小钰与张坤是前后桌，因时常交流课后习题，渐渐互生情愫。当小钰已然准备好要接受张坤的表白时，张坤却跑到班主任办公室，要求调换座位。小钰一时不知所措，不知哪里出了问题，更不知如何开口询问。

"爱一个人是什么感觉？"

"应该是想起他时会有心痛的感觉。"

小钰在日记里自问自答，像是走进了一个死胡同，不知出口在何处。

记得有一天下午，下起了小雨。教室里格外安静，雨声淅淅沥沥。忽然，一位同学大喊张坤的名字，手中高高举着一封情书。同学们顿时炸开了锅般喧闹起来，将那封信拆开，大声宣读起来。

"两情若是久长时，又岂在朝朝暮暮。"

小钰在日记本上记录下的正是那封信的最后一句。

并非你不好，只是你已迟到。

晚一步遇见，情缘便无处落款。

最终，小钰在日记里剪去了满心的喜欢。然而，这些年她

一直拒绝身边苦苦追求的男子，我知道在日渐清冷的年华里，那些情愫仍在纠缠。

合上日记本时，母亲叫我吃饭。我应了一声，便把日记本放进了背包中。我想，是时候物归原主了。

正当我要拨出小钰的电话时，她的电话恰好拨进来。在电话里她告诉我，她要结婚了。我没有再提日记本的事情，她也没有多说什么。只是，将要挂掉电话时，我大着胆子问了一句，结婚有没有通知张坤。

一阵短暂的沉默之后，她回答说，给他打过电话，但是那天碰巧他也结婚，自然就不来了。末了，她主动提起那本日记，说："我只是陪了它一年，而你陪了它十年，它已经是你的了。"

天空高远，有一只带线的风筝飞过。它看似被束缚、被牵制，飞翔的姿态却那般轻盈。正如被往事羁绊的人，看似无法解脱、愁苦不堪，却是最为完整、最为常态的。

那些纠缠的岁月，像极了一篇辞藻华丽的骈俪文。而释然之后，一切终成了一首干脆利落的绝句。

日后某一天，深深挖掘往事时，才发现其内空无一物。

既然如此，就让那本刚刚苏醒的日记，再次沉睡。

第六辑

最美的时光里，
不完美的自己

太阳强烈，水波温柔，
要活在这珍贵的人间。
当你放过往事，
你便与时光达成了和解。

谢谢你，不完美的自己

两年前，我走进第一家公司，进行面试。五十道填空题，我只写出了十个，因而与那家心仪的公司擦肩而过。走出公司后，我落荒而逃，心中满是愤恨。不是憎恨那些古怪的测试试题，而是痛恨表现极差的自己。

以后很长时间，再有公司约我去面试时，我总是以各种借口婉拒。原因只有一个，等我将一切都准备完美之后，我才能不像第一次那样狼狈。因而，当周围的同学都用一张并不太完善的求职简历，以及并不尽善尽美的表现，换回一份令自己满意的工作时，我仍耿耿介怀于自己第一次求职时糟糕的表现。

有一天，小琪走到我身边，问我那些笔试题是不是我所擅长的，我摇摇头；她继续问，我的能力是不是再无法提升，我摇摇头；她又问，是不是除了那家公司，再也没有其他优秀的企业，我摇摇头。她问完后，什么也没说，便转身回到自己的座位上，准备第二天入职需要的材料。

一个人的可怜可悲之处，或许不是自己并不完美，而是始终无法接受自己的不完美。

世间并不存在完人，你羡慕她有光鲜亮丽的外表，却不知黑暗之中，她是怎样挣扎着寻找存在的意义。

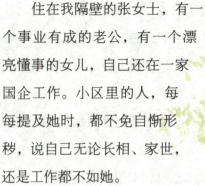

　　住在我隔壁的张女士，有一
个事业有成的老公，有一个漂
亮懂事的女儿，自己还在一家
国企工作。小区里的人，每
每提及她时，都不免自惭形
秽，说自己无论长相、家世，
还是工作都不如她。

　　在周围人眼中，她的生活没
有任何缺憾。

　　然而，我们眼中的世界，并非
世界的真面目。我们的心情，总是
左右着外界在我们眼中的倒影。

　　有一次，小区进行联谊活动。
主持人提议大家说说自己生活中
的遗憾，有人说外婆去世时未
能及时赶回家中，有人
说后悔自己没有
向隔壁班的女
生　表　白，
有 人 说 自
己 大 学 时

除却上课便窝在宿舍里，失去了很多交朋友的机会。在场之人除却张女士，每个人都说出了自己的遗憾。当主持人准备进行下一项活动时，张女士则站起身来，拿过主持人手中的话筒，问他为什么要把自己落掉。

大家不禁愕然，在外人看来如此完美的她竟然也有遗憾的事情。

她很喜欢绘画，高考填报志愿时，本想填中央美院，但父亲已经为她设计好了以后的人生道路——进国企。她没有勇气坚持自己的爱好，便服从父亲的意愿，过着按部就班的生活。

她说完之后，周遭阒静无声。

你可明白，不完美并不可怕。可怕的是，你失去了追逐完美的心。

你说得出每一件令自己心生悔意之事，但你是否已然接受这般事实，且完全对这样不完美的自己负责，朝着透出光亮的方向做出改变，以趋近于想象中理想的自己？

想必，你把更多的时间，浪费在了抱怨自己不如某某运气好、不如某某有天赋、不如某某家世阔绰上。

那次联谊会后，每个周末，人们都会看到张女士拿着画板走出小区。她丈夫则坐在小区亭子中，看着女儿和其他孩子玩耍。

两年前，被小琪问了那三个意味深长的问题后，我不再纠结于第一次面试的尴尬，而是真正正视自己能力的优势与缺陷。当接到下一个面试电话时，我毫不犹豫地答应。最终，在一轮笔试，两轮面试之后，我进入那家业内颇为知名的公司。

有一个周六，我匆匆忙忙出门，准备参加公司组织的培训，恰巧碰见正准备出门的张女士。那天，她不是去学画画，而是受邀去中央美院参加画展。

我们应当庆幸自己并非十全十美，唯有此，我们方能以另一种方式激发身上那些潜在的光芒，拨开眼前的重重云雾，走向更深更远的未来。

允许不完美的人事存在，这并不是让人感到羞愧的事情。

无限趋近于更为美好的愿景，这是尊重生命唯一的捷径。

走过平原，也越过险滩之后，对生活仍不失虔诚之心，此时，我们最该对自己说一声：谢谢你，不完美的自己。

与倔强内心握手言和

我曾以为几乎所有的漂亮女生，都愿意嫁进豪门做一个衣食无忧的富太太。直到我从朋友小筝口中听到她亲身经历的故事后，方才相信贫家女与富公子之间的爱情，犹如一部注定会

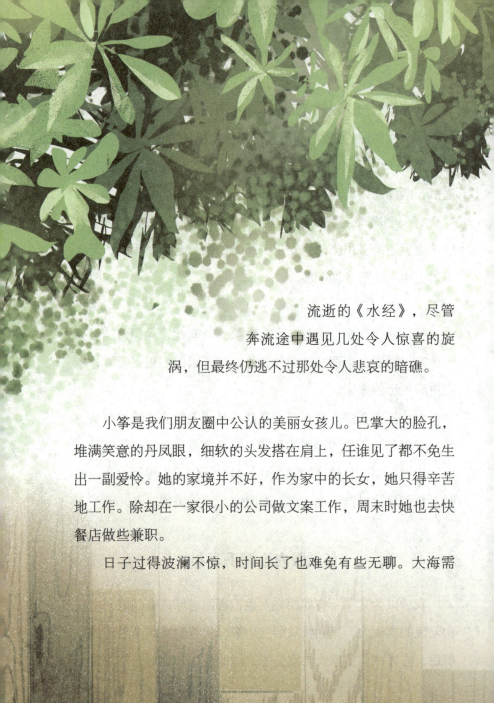

流逝的《水经》，尽管
奔流途中遇见几处令人惊喜的旋
涡，但最终仍逃不过那处令人悲哀的暗礁。

　　小筝是我们朋友圈中公认的美丽女孩儿。巴掌大的脸孔，堆满笑意的丹凤眼，细软的头发搭在肩上，任谁见了都不免生出一副爱怜。她的家境并不好，作为家中的长女，她只得辛苦地工作。除却在一家很小的公司做文案工作，周末时她也去快餐店做些兼职。

　　日子过得波澜不惊，时间长了也难免有些无聊。大海需要一些浪花，正如生活需要一些变化。不管是好是坏，皆可提起当事者与看客的兴趣。

晚上躺在沙发上看微信时，我猛然看到小笋的个性签名由原来的"生活平平淡淡"，改为"爱情的春天，似乎离我并不太远"。

顷刻间，我整个人清醒起来。懒得打字发微信，直接拨通了她的电话，像个八卦婆般询问她已经萌芽的爱情状况。

那一晚我们聊了很久，钟表时针转过十二之后，我们才放下电话。

几乎与所有老套而浪漫的相遇方式一样，她在快餐店做兼职时，恰好碰到了来那里用餐的徐帅。徐帅点了一个汉堡、一包薯条和一杯咖啡，她将餐饮端来时，不小心把咖啡洒在了他手上。小筝忙不迭地拿起纸巾替他擦拭，并不住地道歉。许是小筝那漂亮的脸蛋，怎么都让人生不起气来，徐帅大大方方地说没什么大不了的事儿。

人们都认为一见钟情是件极其浪漫的事情，但是谁又能否认浪漫的背后，与色相有关。

知晓小筝每周末都来这里打工后，徐帅每周末也都来此地用餐。时间久了，两人也慢慢熟识。在将自己的大度、厚道与温柔都展现出来时，追求一个女子，不过如顺风顺水的行舟，轻易便可抵达心中所想之地。

一天午休之后，一位穿着薄呢套装，挽着发髻，优雅得体的女人走进小筝的公司，指明要找小筝。声音柔和却有股挡不住的威严，小筝从同事的注目下站起身来，有些错愕地问她是谁。

"我是徐帅的母亲。"在听到这一句简洁却掷地有声的言语之后，小筝才明白徐帅背后的家庭有着她不敢想象的财势。

她们一前一后地走进上岛咖啡厅，徐帅的母亲翘起手指用汤匙轻轻搅动咖啡，左手悠然抬起将一缕头发掩到耳后，举手投足之间挡不住从骨子里透出来的高傲。

小筝双手来回地搓，咖啡馆里冷气开得很足，她的鼻尖仍沁出了些许细小的汗珠。徐母看了看外面将要下雨的天，最终将视线定格在小筝身上。从上到下打量了半天，不急不慢地喝下一小口咖啡，徐母终于开口。声音依旧不失雅致，带着咖啡的醇香。

徐母告诉小筝，不是随便一个女孩都能高攀得起他们徐家，并拿出一沓钱让她不要再纠缠徐帅。末了，徐母又指着街道对面那幢商务楼说，瞧见没，那不过是他们家产的一角罢了。小筝的眼睛渐渐黯淡下去，而徐母脖颈上那条珍珠项链，越发光彩动人。

没等徐母继续摆弄自己的高姿态，小筝便站起身来径直朝门口走去，飘散起来的长发有意无意地扫过徐母的脸颊。徐母的声音里第一次暴露出怒气，而小筝已经走远。

接下来几天，徐帅始终未和小筝联系。待小筝拨通他的电话后，他平日里浑厚的声音变得怯懦与浅淡，他低声告诉小筝，他已经被母亲监控，要过几天才能偷偷溜出去见她。

情愫萌生时，谁不是热烈得如一场倾盆而下的暴风雨。只是，稍有挫折，热烈便成了似有似无的风，甚至连一粒迷了眼晴的尘埃都吹不起。

徐帅的爱，看似汹涌如海，实则轻盈似羽。而他自己也不过是躲在强势母亲的后面，未曾学会飞翔的雏鸟罢了。

一段时间之后，小筝放弃了那份写文案的工作，应聘了一家电器公司的销售代表。而这家公司恰好是徐家电器产业多年的敌对方。

徐帅知晓后，垂头丧气地请求小筝放弃这份工作，如若她一意孤行，他们之间的爱情之路更是艰难。

既然爱情无法给予她任何支撑，她只好把精力全部投到工作中，如此生活才不至于过得狼狈。年底，小筝凭借着优秀的销售业绩升职为分公司经理。

小筝再次与徐母见面，是在谈判桌上。两家公司皆为了拿到知名品牌的代理权，付出了极大精力。徐母还是一副高高在上的姿态，而小筝再也不是那个搓着双手、鼻尖冒汗的稚嫩姑娘了。

有些故事的结束，总是出人意料。最终，徐家以一票之差与品牌代理权失之交臂，徐母看小筝的眼神里，比轻蔑更多的是惊诧。这个只有漂亮脸蛋，没有家庭背景，没有高学历的女孩儿，终于打赢了对她至关重要的战役。

这个城市灯红酒绿，夜晚仰头连星辰都看不到。

小筝与徐帅面对面坐在一家日本料理店里，窗外是暗沉的夜色与刺眼的灯火。隔着一张铺着精致桌布的木桌，小筝与徐帅仿佛隔着整条银河。

两人吃着寿司，说着不相干的话。思量再三，徐帅终于将此次赴会的目的说出。他告诉小筝，母亲已经答应了他们的婚事，但要以放弃代理权为交换条件。

小筝听完后，始终未曾作声。不紧不慢地填补肚子，喝下一杯清酒。

"我的爱情，不是一场交易。"小筝举重若轻地丢下一句话，走到前台付了款，随后走进夜色与人流中。那一刻，她终于释然，不再苛求自己，不再为这段不合时宜的爱情，辗转无眠。

那一记记铿锵的高跟鞋声，像是为自己唱起的一支歌。

你配得上最好的幸福

银屏上有多少情侣高调秀恩爱，最终黯然收场，老死不相往来。最初之时，他们的爱情像是神话故事那般传奇，惹得电视机前的饮食男女热泪盈眶，下定决心也要找寻他们那样如漆似胶且轰轰烈烈的爱情。

然而，我们还未找到心仪之人时，他们已然劳燕分飞，成为陌路，祝彼此各自安好。此时，我们茫然失措，爱情是什么？是否还值得我们相信？

《霍乱时期的爱情》，弗洛伦蒂诺·阿里萨在等待五十三年七个月零十一天后，终于得以有机会回答：爱情就是一生一世。

一生一世，不顾财富、地位、身份的分歧，只愿以你心换我心。

只是，如今听来，这多像少男少女的绮丽美梦，经不起岁月的打磨与淘洗。

以最终的相恨，换最初的相爱，这更像是爱情的真相。

小英的初恋，从十七岁延伸至二十七岁。十年之间，他们有过恨不得全世界都听到的欢笑，也有过声嘶力竭的争吵。他知道如何哄她开心，她能从他的眼神中读出悲喜。他们说不出爱情的定义，但他们知道

彼此深爱着对方。

十年纪念日那天，他们走入民政局领了结婚证。当所有人以他们为榜样，为之赞叹、为之唏嘘时，仅仅两个月的时间，他们便再次走入民政局，将红色结婚证换成蓝色的离婚证。

"风后面是风，天空上面是天空，道路前面还是道路。"海子如是说。

可是，风有微弱与狂大之分，天空有明朗与隐晦之别，道路有平坦与泥泞之差，我们从来无法预测，命运寄给我们的下一个包裹里，盛放着什么。

小英给别人的解释很简单，爱情不只是一种虚无缥缈的感觉，它是实实在在的相处。并不是所有的爱情，都与琐碎的生活相融。

听完这般解释，人们像是听到了一个冷笑话：不是说平淡的生活，可以为深沉的爱情让路吗？

爱情并非必需品，它就好似一方夜空，拥有爱情之人的夜空有着璀璨烟火的点缀，失去爱情之人的夜空则岑寂无光。生活就好似阳光与空气，我们片刻都离不开它。

小英说，尽管她现在一无所有，但她自始至终都相信爱情，只是她在寻找对的人，与之谈一段能与生活相契的爱情。

我们皆在遍地寻找爱情的影子，却对爱情之存在心生怀疑。我们一边鄙视那些为坐宝马而甘愿哭泣的人，一边为如何钓到钻石王老五而费尽心机。

最终，爱情徒有虚名，幸福也下落不明。

一年之后，小英进入一家新的公司，谷新作为她的搭档，与她一起进行市场调研，与她一起吃饭。相处一段时间后，小英对他产生好感。

一切事物的意义，皆在于它生发的那一刻，皆在于我们笃定之时。如若我们发觉自己爱上一个人，不要等，爱之感觉稍纵即逝。

当然，在表白之前，她要做的便是坦诚。她将自己所有的故事，毫不保留地告诉了他，并向他说出爱。

往事看似轻盈，实则沉重，并不是所有人皆能承载起它的重量。尽管谷新是如此佩服她的勇气，欣赏她的为人，终究介意她的过往。在被婉言拒绝时，因内心始终饱满，她纵然悲伤，但不至于绝望。

她认定自己的生活并未真正开始，最终她会拥有该有的一切，只是一切来得比较晚。

爱情究竟是什么？

杜拉斯这样说："爱之于我，不是肌肤之亲，不是一蔬一饭，它是一种不死的欲望，是疲惫生活的英雄梦想。"

我想唯有相信它始终存在，并将其视为信仰之人，才有资格说出它的色泽，描述其温存及痛楚的感受。

这个世界并不缺少爱，只是很少有人再相信爱；也并不缺少幸福，只是有太多的人将心门关闭。小时候我们可以为捕捉到一只蝴蝶而高兴一天，如今我们在江湖中，早已忘记那种简单纯粹的快乐。

只有你生命美丽时，世界才会美丽；当你相信爱情时，你便配得上最好的幸福。这是小英的哲学。我想，它适用于每一个人。

以柔软抵抗坚硬

我打开电视机，随意寻找着自己感兴趣的频道。平日里最不喜欢看相亲节目，但那一天转到综艺频道时，恰好正在播放相亲节目，我却停了下来，只因一个男子正面对着女嘉宾朗诵一首诗歌。

那是他自己原创的诗歌，不乏《诗经》的优美意蕴，又带有些民国风情，充分显示了他骨子里的浪漫情怀与古朴气息。读罢，毫无疑问，所有的女嘉宾全部灭灯。主持人为了缓和尴尬的局面，便问其中一位女嘉宾这首诗歌是否很美。女嘉宾在点头肯定的同时，也坦率地说道，她会觉得这位男士不切实际，自己将与他无法沟通。

最终男士黯然转身，空手而归，不仅未能抱得美人归，还被人们当成只会朗诵诗歌的怪人，其失落之意可想而知。

坐在电视机前的我，看着窗外春暖花开的三月，也是哭笑不得。

如果有一个你很中意的男子，不是以发微信或打电话的方式向你告白，而是给你写了一封情书，当你皱着眉头展开时，未能找到"我爱你"的字眼，而看到了一首用蝇头小楷写就的参差错落的诗歌，你心中那点仅有的中意，是否已经荡然无存？

我们苦苦追寻着浪漫的爱情，但我们对浪漫的定义，早已不是那些酸得令人牙疼的信笺，而是九千九百九十九朵玫瑰，有小提琴伴奏的烛光晚餐，在海岛度假小屋面朝大海。

当浪漫与金钱有染时，我们才敢伸出双手，满心欢喜地接受对方。

殊不知，这样的爱情，在最初之时，已与浪漫无关。

而心中的诗意，也并非用金钱来衡量。

西北流沙中出土的一块汉代书简，其上只有四字："幸毋相忘。""希望你不要忘记我啊。"这诗一样的言语，简短、率真，却至真至性。它感动着当下的我们，但又有几人在感动之余，愿敞开心胸，拥抱以诗求爱之人？

王小波在追求李银河时，未曾以各式礼物取悦对方，而只是用一封封情真意切，饱含着山脉般的绵延情感的书信，俘获了她的芳心。"你好啊，银河。"王小波总是以这样平淡的语句开头。继而，他以爱为指引，以蘸满深情的笔触，在一张素纸上倾吐自己的爱意。

"做梦也想不到我会把信写在五线谱上吧。五线谱是偶然来的，你也是偶然来的。不过我给你的信值得写在五线谱里呢。但愿我和你，是一支唱不完的歌。"李银河最终被王小波这句话所打动，握住了他伸过来的双手，她如此回应："我不相信世界上有任何一个女人能抵挡如此的诗意，如此

的纯情。"

王小波并没有倜傥潇洒的相貌，也不曾挥金如土，可是谁敢说他心中的大海与春花，不是最美的呢？

社会潮流有不得不去的方向，满心欢喜跟随也好，看不惯也罢，都无力改变。我们能做的，只得是在汹涌的浪潮中，努力做一朵与众不同的浪花。

我转头望向窗外，一对蝴蝶落于肆意盛开的桃花上，春阳自带七分明媚，剩下三分在看者心中。我拿起遥控，转换了频道。

电影频道正在播放《诗》，我对这部电影一无所知，其中的演员也没有我所喜欢的，但它的名字已足够让我为之停留。

两个小时之后，片尾曲响起，我热泪盈眶，庆幸自己没有与它擦肩而过。

美子六十六岁，岁月在她眼角留下痕迹。她靠政府救济金和做女佣养活自己与外孙，生活如此艰难，而她依然用海量时间打扮自己，种植花草，甚至学习诗歌，像是一朵无人注目的街角小花，在黄昏时刻，尽情绽放属于自己的美丽。

然而，生活并未因此而完满无缺，世俗也并未因此而绕道而行，宿命如同冷酷执拗的糟老头，不愿做出点滴退让与改变，该来的终究要来，该承受的也无法躲避。暮年的美子患上了阿尔茨海默症，外孙也因牵扯到杀人罪行而被要求偿还一笔巨额费用。

在生命将熄之时，她将一切都交付给了诗歌，她掏出随身携带的小本子，写下了一生中第一首，也是最后一首诗：

你那里好吗？

还是那么美吗？

夕阳是否依然红彤彤？

鸟儿是否还在树林里唱歌？

你能收到我没寄出的信吗？

我能传达自己不敢坦白的忏悔吗？

时间会流逝吗？

玫瑰会凋零吗？

现在是道别的时刻了，

像来去无踪的风。

像影子永不实现的诺言，

直到尽头的以爱封缄。

这首诗像是她的一生，暖意涌动。生活中的磨难并未因此而消失，但她已微笑走过。回头时，她只记得那些点缀阴湿角落的花草，那些点亮生命的笑意，以及那些记录于小本子中的美丽字句。

诗意柔软，生活坚硬，以柔软抵抗坚硬，多半会赢。

最好的风景，在路上

韩小晔很平凡，韩小晔也很非凡。

二十岁那年，她上大三，经历了人生中第一次失恋。而这也是她第三次"被失去"，第一次是被她从未见过的父母，第二次是一直抚养她却在前几年去世的老奶奶，第三次则是被她一直很爱的男朋友。

眼泪肆意横流，心痛得无法呼吸，她跑出躲了将近半月的宿舍，随便坐上一辆公交车，坐到了终点站。下车之后，她独自一人漫无目的地行走，不知不觉便走到荒无人烟的山丘上。

那里的风有点儿野，刮得她的面颊有些疼。无名草恣意丛生，无边无际地蔓延。耳机里的声音撕扯着她的伤口，她索性摘下耳机，只听呼啸而过的风声。然而，与风声同时涌进她耳朵的，还有一名婴儿呱呱的哭泣声。她有些茫然，寻着声音传来的方向，拨开丛生的野草，一步步向前走去。

最终，在野草的最茂密处，她看到一个手提箱。透过拉开的拉锁，她看到一名涨红了脸的女婴。风声，将女婴的哭声带到远方。小晔脸上的泪痕刚刚被风吹干，顷刻间又是泪如雨下。只因，她从这个女婴身上，看到了自己。

没有丝毫犹豫，她将女婴从手提箱里抱起来。那一天正是立秋，天气较往日凉爽了些，她从包里拿出一张手绢，包住女婴的肚子，并为她取名为秋儿，冠以自己的姓氏。

传得最快的永远是流言。不知是谁说文学系的韩小晔与男友发生关系，在宿舍生下一名女孩，这个消息在学校传得沸沸扬扬。刚刚与她分手的男友找上门前来质问，她也未曾解释，男友甩手离开时，竟庆幸自己已与她毫无瓜葛。

有些人，总是要与之拉开些距离，方才看得清。如此看来，更庆幸的应是韩小晔。

简桢曾说："最难的是，在困苦流离之中仍保有宽容平静的微笑；最珍惜的是，在披风带雨的行程中，还能以笠护人。"韩小晔走在孤独的路上，舞步却从未慌乱。辜负生命，是她不允许自己做的事。

每至半夜时，秋儿总会有一次或长或短的哭闹，这难免会打搅到寝室姐妹的睡眠。因而，她用平日打工存下来的钱在学校附近租了一间小屋，搬出了宿舍。

上课前，她将一切都安置好；下课后，她片刻不耽误，便回到小屋。只要有风存在，流言便不会消失，可对于不相信自己的人，又何必多言，倒不如将精力"浪费"在有意义的事情上。生活就是一口井，表面覆着杂草，唯有用心挖掘的人，才能喝到清冽的水。韩小晔的生活纵然过得辛苦，到底有机会拨开杂草，享受掘出清水来的快慰。

　　每一条路的终点，都有好景致。如若发现小径深处的景致不够美，只因还未抵达终点。所以，韩小晔拉着韩秋儿的手，走上一条无人踏足的小路后，从不曾停下前进的脚步。

　　秋儿四岁时，韩小晔把她送进了一家幼儿园，彼时她已在一家外贸公司工作了一年。有一天下班路上，她碰见了大学时与她关系最要好的朋友。两人拐进一家甜点店，各自点了一

份糯软的糕点。一对母子大手牵小手走过窗外，小晔目送他们远去。

朋友的糕点吃了大半，小晔却一口没动。

"你以前不是很爱吃甜食的吗？"朋友问。

"我想给秋儿留着。"她有些难为情，耳根稍稍发红。

"当时为什么不试着告诉大家真相呢？你不知道大家在背后是怎样讲你的吗？"朋友显然有些激动，声音猛然抬高，引得邻座的人纷纷侧目。

韩小晔把一缕快要遮住眼的头发拢向脑后，很认真地说道："我宁愿让他们讲我，也不愿让他们说秋儿的坏话。"

之后，她让服务员把那块糕点打包，对朋友说她还要去幼儿园接秋儿，便留下眼中涌上泪意的朋友，独自走出小店。

朋友第一次觉得平凡得不能再平凡的韩小晔，背影是那样动人。她也第一次明白，女人应当为了绽放美丽而生。当然，美丽的绽放，缘于爱。

韩小晔穿越嘈杂的人群与昏黄的暮色，来到幼儿园时，秋儿由老师领着站在门口等她。秋儿手中握着一朵从幼儿园里采摘来的淡紫色小花，在她走近时，秋儿将花举过头顶，踮起脚尖要送给她。

她有一瞬间的失神，看到秋儿身后的老师微笑着点点头，她蹲下身来，将秋儿抱在怀里。秋儿将花斜斜地插在她的头上，用稚嫩却又清澈得不带任何杂质的声音说道："妈妈，我爱你。"

　　这不是路的终点，可这是迄今为止，她看到的最美的风景，而且她相信前面还有更美的景致等她去发现。

第七辑

世间所有的相遇，
都是久别重逢

曾以为走得足够远，
才会遇见最美的风景。
置身千里之外，才明白，
彼岸即是此岸。

最美的相遇，不言过往

一阵轰鸣之后，飞机飞上万米高空，在彩云之上穿行。透过窗口向下俯瞰，偌大的城市不过手掌那般大，个人更是成了蝼蚁般的存在。我拉上纱帘，打开随身携带的书籍，翻阅起来。

邻座是一位面目清秀的男子，二十五六岁的样子。在我阅读时，他并没有像其他乘客那样，沉沉睡去，也没有像我这样随便翻一本书，而是隔一段时间便按下呼叫按钮，或是要一杯饮品，或是问一些有关目的地天气的问题，引得我频频侧目。

为他服务的空姐，每次走出时，脸上的笑意总不似我在其他机舱里见到的那样僵硬，眉梢眼角荡漾的弧度，甚至带一点娇嗔的埋怨，让我觉得不像是对普通的乘客，而是在对专属的恋人。

他们之间的接触，吊足了我的胃口，为了验证我的猜测，我便按下呼叫按钮，待她迈着优雅而不失稳重的步伐走来时，我看了邻座的他一眼，只见他目不转睛地注视着她，而她看了他一眼后，掩住带着责怪的笑意，便用最为标准也最为机械的服务声腔问我有何需要。我不动声色地说道，只需一杯清水。

一切已经明了。

等她转身离去后，我故意自言自语地说道，这是我坐飞机以来，见过的最漂亮的空姐了。

　　不出所料，他听闻后，兴奋程度不亚于当年发现新大陆的哥伦布，转过头来，眼神中满是认同与感激："这是我刚刚追到的女朋友。"

　　与其说他向我诉说了事实，倒不如说这是一种骄傲而神圣的宣誓。

　　天色渐浓，夕阳余晖染红的流云，在高空中看来更为绚丽。距抵达目的地西双版纳还有三个多小时，我将书合上放回背包里。生活中有些故事，比书中的情节更为动人。

　　他告诉我说，他是一名摄影师，背着一架单反，怀揣一张机票便可到远方拍摄出摄人心魂的照片。他第一次去西双版纳是在一年前，当时乘坐的也是这趟航班。他按下呼叫按钮后，便看到化着精致淡妆的她向他走来。

　　见过了太多漂亮优雅的空姐，唯独她向他走来的每一步都踏在了他的心上。纳兰的诗句被无数文艺青年传诵，只一句"人生若只如初见"便俘获了世人之心。"人生若只如初见",那何不换一种方式相见,于是,他大胆地对初次相遇的她说道:"我们是不是在哪里见过?"

她满脸疑惑地将要开口,他却抢先对她提出了自己的要求,可否为她拍摄一张照片?她欲言又止,几次想要拒绝,却找不到合适的理由,况且眼前的这个男子也并未做出什么出格的举动,片刻犹豫之后,便微笑着点头,算是应允。

按下快门后,照片上的她稍有羞涩,脸颊上的酒窝尤其明显。

他告诉我说,这是他拍摄到的最美的风景。

美的人与事,都值得追寻。

自此之后,他常常乘坐这趟航班,去西双版纳取景。每次都像今日这样频频按下呼叫按钮,制造与她接触的机会。

简桢曾说:"认识你越久,越觉得你是我人生行路中一处清喜的水泽。几次相忘于世,总在山穷水尽又悄然相见,算来即是一种不舍。"她所在之处,便是他思念的海角与天涯。尽管他并不知晓她的名字,但这已然成为他烦忧与欣喜的缘故。

以后他再问她,他们是不是在哪里见过,而她有些疑惑地摇头时,他总会把拍摄的那张照片拿给她,她像是从微醺之中醒来,恍然记起很久之前乘坐这趟航班的乘客。她问他可不可以将这张照片送给她，他并没有同意，而是从包里拿出许多风景照片递到她手中。那些照片或是一望无际的沙漠，或是波涛汹涌的大海，抑或莽莽苍苍的草原，每一张照片都算得上是一张精美的明信片。

她生出艳羡之情，虽然终日飞来飞去，却没有充裕的时间观赏各地的风景。他看准时机，恰到好处地说道，他愿把拍摄到的美景都赠送给她。

你所需要的，正是我愿给，也给得起的。

你心中所想的，正是我能感知，也愿弥补的。

我不愿成为你眼中的风景，也不愿成为在楼上看你的人，我最愿做的是，支撑起你的那座拱桥。

从他第一次说出，他们是不是在哪里见过，而她并未坚决否认开始，他们便离爱情不远。最终水到渠成也是极为自然的事情。令我感动的是，他舍得放弃其他地方的旅行，只在一条航线上小心翼翼守护爱情之花。

云朵变换千万种姿态，夜色如墨，向下俯瞰只看得见陆地上的零星灯火。

他说他已经去西双版纳很多次，几乎走遍了那里的每一个角落。他告诉我哪家客栈童叟无欺，哪条路径人烟稀少却藏着令人窒息的景致，哪里的人们最和善热情，哪里的店铺手工艺精致而独特。

我看着他的脸上洋溢着幸福，心想之前花费大量时间做的旅游攻略完全可以丢弃，只需按照他所说的游玩便好。

因为，以爱为指引的旅行，最为可靠。

火车上写日记的少年

家中窗台上放着一盆玉兰，周末清晨醒来后，惊喜地发现枝叶间已绽出了几朵乳白色的小花，阳光轻洒，清香盈室。

我推开窗子，风中满是泥土苏醒的气息。我在喷壶里灌满水，轻轻喷在花叶上，使其看起来像是晶莹的露珠。而后我翻出相机，用大光圈为它拍下一张张角度不同的照片。我挑选了一张花瓣舒展得最为自然的照片，将它上传到朋友圈中，并附上一句："春天已经盛开，你的愿望是否还在沉睡？"

片刻之后，那张图片下面便跟出很多评论，朋友或是感叹时光如水，转眼又老了一岁，或是表白自己对明朗春日的喜爱。唯有一个名为小君的男孩写道："我在北海道看樱花，这一次是为自己。"

我窝在沙发里，看到这条格外醒目的评论，不禁想起去年此时。

窗台上的玉兰与春天如期开放，他终于找到了属于自己的去处。

去年三月，闻到春暖花开的气息之后，我便收拾好简单的行囊，坐上了去往江西婺源的高铁。

耳机里放着陈绮贞的《旅行的意义》，窗外是连绵的山丘，近处略显荒凉，远处却覆盖着青翠的小草，这便是诗中所说的"草色遥看近却无"吧。也不知过了多久，一片桃林忽然涌入眼帘，粉红的、乳白的、簇拥着、推搡着，就那样在山野间擎起了春天。

当所有人都举起手机或相机隔着玻璃窗拍桃花时，坐在我对面的男生看了一会儿窗外，便从包中拿出一个封面极为素雅的硬皮本，准备要写些什么。无论在地铁上、火车上，还是飞机上，我见过很多看书的人，却很少见动笔写字的人，即便偶尔见到一两个，也都是长得极为秀气的女生。因而，看到眼前这个男生拿起笔后，我心中满是好奇，再加上我视力极好，便决心要看他写的内容。

"3月22日。"这是他翻开空白页之后，写下的第一行字。但我清楚地知道那一天明明是23日，于是忍不住提醒道："今天是23日。"

他抬起头，额头上冒着几粒青春痘，略有些腼腆地说，他在补昨天的日记。

　　能一天不落地写日记，即便偶尔没写也要补回来的少年，想必是记录某些他不愿失去的事情吧，即便日后有一天将这段时光全部遗忘了，他也能循着日记里的细微线索，将其捡拾回来。

　　我向他笑笑，继续听着有关旅行的歌，看着窗外呼啸而过的风景，他则在日期下面写出一行行字。彼此相安无事。

　　快到站时，我站起身来，拿下行李架上的背包，我对面那个写日记的男孩儿也开始收拾放在桌上的本和笔。我们异口同声地对彼此说出"你也在这里下"后，不禁笑出声来。

　　走出火车站，外面正下着小雨。小贩趁机做着卖伞的生意，广场上人影散乱。我们各自撑起一把伞，在路边等了许久都打不到车，只好穿过马路到对面坐公交。我手机已经没电，只好对他说出自己要去的地方，让他帮我查一下路线。他听完地点后稍稍一怔，脸上满是惊讶之意。我看到他的表情，便猜想到我们住的应是同一家青年旅舍。

　　雨滴落在玻璃窗上，又惶然滑落下去，像是执拗的孩子在沙滩上一次次堆好城堡，却被海浪摧毁一般。他透过模糊的玻璃窗看着窗外，手中紧紧抱着那个装有日记本的背包。

　　抵达青年旅舍之后，已是黄昏。天气渐渐放晴。我们一前一后各自办了入住手续，在我转身要走进自己的房间时，他突然叫住我，问我明天要不要一起去看油菜花。他伏案写日记的姿态，已赢得我对他的好感，况且我又是一个爱听故事的人，便点头应允。

简单吃过早餐，我们便坐车去了江岭。

金黄的油菜花满山遍野，从山顶一直铺到山谷下，呈梯田状恣意盛开。白墙黛瓦的小村落在油菜花的掩映下，若隐若现。他站在我前面，缓缓张开双臂，我拿起相机按下快门。听到"咔嚓"声响之后，他便转过身来。我也终于等来了听他讲故事的那一刻。

他额头上的青春痘还是很明显，他口中的故事也有着青涩的味道。

他告诉我说，他高中时开始喜欢班里一个女生。她学习很好，照片总被贴在榜样栏里，而他成绩很差，与她几乎没有任何交集。从喜欢她第一天开始，他便开始写日记，并决定在高中毕业后把那本日记送给她，以期用情真意切的字句，俘获她的芳心。

在收到他日记的同一天，她也收到了人民大学的通知书，于是她写了一张"我在人民大学等你"的字条，夹在日记本中，还给了他。

已经把最旺盛的青春都交付于她，他没有任何理由不赴约。于是，复读成为他唯一的选择。上课时不再睡觉，下课时背政治重点习题，脚步不再懒散，吃饭只用十分钟。他放弃了所有的娱乐活动，唯独没有放弃在深夜写日记。

有人曾说，青春就是毫无顾忌地奔向你。

但是人们没有说，青春也是毫无理由地错过你。

在那个什么都抓不住的年纪，自然也无法抓住你。

第二年，他拿着日记本，以及人大通知书走进大学时，却看到她和另外一个男生牵着手，脸上溢满笑容。

过后，他问她为什么不等他，她只是回答说，她从未喜欢过他，当初那个等他的约定，不过是激励他努力学习而已。

他躺在油菜花丛里，闭着眼睛，任阳光洒在身上。我坐在油菜花丛里，静静听他说着单恋的故事。无所指望，不期拥有，却用最为笨拙的方式痴心追求，这是他彻底被拒绝之后的状态。学业不繁重时，他一再走出校园，在远方，让思念与春日渐深，让日记与喜欢渐浓。

两天之后，我们坐车返回，各自消失在了人海之中。

如今再听到他的评论，知晓他已经释然。

我不知道他在这期间经历了怎样的挣扎，但我想他应该还在写日记，不为取悦旁人，只为记录自己。

那些刚刚好的迷恋

每到春季，脱去厚厚的棉衣，换上轻薄的衣衫，那颗出游的心也便随着晕皱小溪的暖风活泛起来。是的，我喜欢在春天出行，到江西婺源看一场油菜花开，到武汉大学看一场樱花绽放，到苏州看一场"十里雪梅"。想到要翻山越岭，离开人满为患的北京，到远方去看一场妖娆春色时，心中着实欢喜。

把要穿的衣衫叠放整齐，把出行清单上的必备用品全部买到，一件件放进行李箱里，还未出发，这准备的过程已然让我蠢蠢欲动。

旅行途中，我不必刻意去想旅行的意义，只需尽情观赏途中美景，享受与自然相会的惬意感受。如此，旅行的意义，便会于不经意间在心中悄然浮现。

陌生之地总有风景，远方总让人着迷。或许，这就是人们为何即便不舍也要告别的原因。

记忆中最为深刻的出游莫过于我和男友一起去普吉岛。虽说早有打算，但最终决定下来至出发之日不过一周的时间，攻略只是草草看过几篇，英语只是在临时背了几个单词，机票因未提前买而毫无折扣，就连签证也是出行前一天才办下来。这般慌张却依旧挡不住我们兴奋的心情。

抵达普吉岛时已是深夜，坐车前往酒店路上，只见零星灯

火。不被灯光修饰的夜晚，显出最为原始、最为本真的姿态。透过车窗看远处的苍穹，星辰犹如嵌在天幕上的孩童的眼睛，清澈如水，璀璨如虹。

清晨在鸟鸣声中醒来，拉开窗帘，扑面而来的是镶着热烈阳光的大海。昨晚睡得太沉，竟未能听到雨打枝叶声。路面有些泥泞，我提起裙摆赤脚走过，眼中的一切仿佛都是刚刚涂好颜料似的，清新中透着干净。

不过两分钟的路程，我便走到海边，将脚上的淤泥清洗干净。彼时，他已然租好一辆摩托车，嘱咐我将头盔戴上。因不知置身何处，手中用中文标注的地图成了摆设；由于看不懂泰语路标，只得随心而行。

沿路穿梭时，眼之所及皆能看到即将掉入大海的云朵，以及蓝得不像话的天空。这不禁让我们想起了《初恋那件小事》中小水坐在摩托车一脸羞赧的场景。

不知转过几道弯，只觉所行之处越来越偏离海岸线，外地的游人也越来越少，我们停下来用几句蹩脚的英文问过才知晓，我们已然误打误撞行到普吉镇上。

在阳光下，我们推车行在镇子上，几乎家家户户窗台上都放置着几盆绿植，那种绿青翠而透明，散发着似有若无的清香，吸进肺里有种神清气爽之感，整个人都变得轻快起来。当地人住的老房子不为取悦游人，只是依据当地的气候与习俗而建。那些斑驳的墙壁，带着遥远岁月的气息，尤为让我倾心。

与我们擦肩而过的赤脚僧，追逐嬉闹的孩童，坐在门外择菜的老妇人，每次说话皆双手合十的举动，都让人感受到此地人们的真挚与虔诚。

时近中午，路过一个开在自己院落里的餐厅，香味弥漫，我们便不由自主地停下来。以前去安徽宏村旅行时，也是坐在当地人家院子里吃饭，竹笋、蕨菜，都是自己跟着主人去挖，墙上的腊肉更是地道。时隔数年，再一次在旅行时走进当地人的院落，吃最接地气的粗茶淡饭，感受人间烟火，仿佛真正触到了生活的脉搏，摩挲到了生活的内在质感。

走马观花是旅行最为浅薄的层次，专去游人最多的地方，拍摄看似特别实则平常的风景，不过是在做一场秀而已。收起观望的姿态，踏在结实的大地上，向当地人那样实实在在生活于此，心中的春意自然会越来越浓郁。

在普吉岛，我们没有坐专车，没有打出租，只是租来一辆摩托车，像当地人那样穿梭在任何想去的地方。

没有固定的方向与目的地，但每个转弯处总会有惊喜闯入眼眸。有时遇见一片蝶飞蜂绕的花海，有时遇见一条弯曲的深巷，有时遇见一个丛林掩映的寺院。疲倦时，就将摩托车停靠在路旁，走进一家具有当地风味的餐厅，点些鲜美食物。回酒店的路上，再在路边摊买些草莓、菠萝、荔枝、龙眼，可谓惬意。

旅途与春天一样短暂，坐观流云，闲看大海的日子很快过去。

在远方把身心纯粹地交给春光，不必担忧工作，无须为生计奔波，只是遵循心的旨意，随意走走停停。

走时难免留恋，但我们仍需走进掷地有声的现实生活中。把这段奢侈的时光留在记忆里就好，倦了累了时，就再一次循着它的余味上路。

每个人是每个人的过客

撑着太阳伞坐在蓝梦岛海滩，海风吹拂着衣袂，波涛静静漫过脚背，椰子树洒下一片清凉，我像是躺在一面纯净的湖泊中，心境悠然。至于那些生活琐事，那些莫名的坏脾气与找不出缘由的忧伤，就把它们暂时丢进大海。

不过一刻钟的时间，浓厚的乌云压下来，沙滩上的人渐渐散去，而我没有带相机、手机，心想淋一场雨也不错。豆大的雨点砸下来时，大海像是会跳舞的精灵，举起一朵朵浪花。烟雨朦胧，心中像是起了一层雾，影影绰绰，不辨东西。

雨看起来没有停下的迹象，我起身朝最近的一家意大利面馆走去。走至门口时，恰巧看到一个与我年龄相仿的中国女子，也朝这边跑来。在不属于自己的国度，已经许久不说中文，偶然遇见同一个国度的人，像是在海边捡到一颗可以诉说心事的贝壳，于是，我停在门口，等她走近。我们并不认识，却感觉极为亲近，相视一笑后，便一起走进意大利面馆。

　　我们选择坐在靠窗的位置，透过玻璃窗，可以看到波涛起伏的大海，以及立在窗外的椰子树。那家店服务很是周到，看到我们湿漉漉滴着水珠的头发，便递给我们两条毛巾。我点了一份海鲜意大利面，她则只点了一杯名为"好久不见"的鸡尾酒。

　　她说话很少，每抿一口鸡尾酒，便转头看溅落在玻璃窗上的水珠，一滴滴挣扎着滑下。我有些饿了，再加上海鲜意大利面的诱人味道，便迫不及待地埋头开吃。吃得杯盘狼藉后，我才感到有些不好意思，便叫来服务员，点了一杯草莓珍珠奶茶，顺便让他把桌上稍稍收拾一下。

　　雨仍未停，掉落在窗上，像是伤心人的眼泪。

　　正当我要随便说些什么打破凝滞的气氛时，她却先开口告诉我，这是她第一次旅行。

　　那些可烂在肚子里的难言之事，我们或是说给古老的树洞，或是讲给不相干的陌生人。因树洞永不开口，陌生人分开之后毫无瓜葛，秘密看似已经泄露，却被放置在了最为安全的地方。

　　风把椰子树吹得摇摇欲坠，我看见她瞅了瞅邻座美满的家庭，雨便下到眼睛里。她闭着眼喝下一小口鸡尾酒，开始将秘密挪移到我这里。

　　她说她是一名在校研究生，专修英文。因时常与任课教授出差做课题，两人渐渐萌生情愫。最初之时，面对教授的示好，她虽心动，却婉言相拒，因她知晓他有一个贤淑的妻子，以及

五岁大的女儿。

　　然而，教授出差越来越频繁，且每次都以与毕业论文有关为由，将她带上。

　　爱美的女子，无法抵挡衣柜里那些款式时尚、质地舒雅的衣裙；寻爱的女子，难以抵挡心仪男人的追求。纵然不合时宜，可爱情哪管对与错，哪问是与非？我们都看得清爱情的真相，不过是浓情转淡，人走茶凉，可谁因此而不越雷池一步。

　　最终，在校园里，她是他的学生，接触不过在课堂之上；而离开熟悉的场所，她便是他的小情人，耳鬓厮磨，肌肤相亲。

　　他用英语对她说最美的誓言，等一段时间便与妻子离婚，为她披上婚纱。意乱情迷的女人，明知最美的相遇是擦肩、最美的誓言是谎言，却仍推搡着自己走向死胡同。

她已有些微醺，我将那杯将要见底的鸡尾酒拿开，把我的奶茶放到她面前。

她的声音里有着顺其自然的苦涩："谁让我动了情呢？"

他把婚外情当成一种游戏，而她则把游戏当成了一场为爱而拼的战役。他是游戏的操控者，而她不过是任他摆布，以增加娱乐与笑点的工具。

他兴趣高涨时，可以翻山越岭为她带回丽江的特产；他兴趣全无时，她安静是错，哭闹是错，懂事是错，撒娇也是错。因而，当她告诉他，她怀上他的孩子时，他气急败坏，忙不迭地退出了这场游戏。

窗外的雨渐渐小了，她把玻璃窗稍稍推开一些，清凉的风拂在脸上，有些凉意。

我问她，自此之后你们再也没有联系过吗？

联不联系取决于个人意愿，在这个联系极为方便的时代里，如若你不想与某人联系，只要删除一切联系方式，再关闭一颗心便可以。

他为她敞开的大门，以迅雷不及掩耳之势关闭，她见他只得在课堂之上。有一次课后，她以交作业的方式，给他写了一张字条，告知他如若再对这一切坐视不管，便会把他们之间的事情告诉他的妻子。

他心有忧惧，再一次把她带上出差旅程。她以为阴雨天气终将过去，而这不过是一场美丽的幻觉。他们终究是彼此的过客，他留下一笔钱作为分手费，让她不要再纠缠，免得大家都难堪。

他始终是整场游戏的策划者与决定者，她陪他完美演出之后，便换了角色。

留下些什么呢？留下的是伤痛与回忆。

伤痛可交付于时间，回忆呢，回忆如影随形，但回忆里的人不能再见。

她顺利完成学业，毕业论文被评为校优秀毕业论文，并发表在全国重点论文期刊上。

他们唯一的合影，是研究生的毕业照。

一切都已落下帷幕，看剧人已散，唯有唱戏的人，在昏黄的风光下，回味剧情的初始与高潮。

天空放晴，经过雨水浸泡的蓝梦岛更为明澈。

我们走出意大利面馆，她正要对我说再见，我稍稍犹豫之后，便说反正都是一个人，这几天就一起玩吧。

虽然我们是过客，但过程与情节，我们可以自行安排。

阳光洒在脸上，我们相视而笑。

所有的晦暗，都留给过往

计划去平遥古城已经很久，但由于大小琐事一再耽误。近来身心俱疲，再加上好友的怂恿，便买了周末去太原的高铁。

我独自游荡在平遥的深宅小巷里，踏着青石板路，抚摸着历史的城墙，耳闻当地人浑厚的吆喝声，恍然间仿佛回到了明清时代。喧嚣褪尽，浮华成过往，坐在自家门前晒太阳的老太太，眼神里尽是往昔风韵。

两天的时间，我没有办法走遍每一条街、每一条小巷，去领略古城难以言尽的美。但没有看见并不代表没有感受，美好之事并非用眼睛去看，而是用心去寻。

坐上回北京的高铁时，已是午后。阳光稀薄而疏浅，就像并不浓稠的眷恋。

那一天的高铁上，乘客格外少，只是三三两两坐了几排。平遥的风很干，两天未抹唇彩，我的嘴唇便有些干，起了一层小皮。因我对面坐着一个年纪差不多的女孩，我便毫无忌讳地拿出包里已经买了许久却很少用的唇彩，对着手机屏幕随意擦了擦。温煦的阳光透过玻璃窗照到我的脸上，唇膏亮丽而不张扬的色泽，仿佛瞬间使我整个人自信起来。

如此看来，幸福并非由宏大的事物决定，而是从点滴小事中获取。

唇膏的色泽，上扬的嘴角，足够令我感受到自己的美丽。就连端起水杯喝水时，都能感到自己仿佛优雅至极的女子。然而，在我放下水杯，看到杯沿上那抹红色的唇印时，却瞬间慌了神。我生怕对面的女孩看到我用的是廉价的、沾杯的唇彩。于是，默默将沾有唇彩的那一面转向了自己。

　　我有些心虚地瞅了瞅对面的女孩，发现她正侧着脸看远方逐渐变浓的天，便放下心来，悄悄拿出纸巾将唇印抹去。

　　片刻之后，她从包里拿出一支朴实如泥土的釉红色口红递给我，眼带笑意地让我试试，并说这支口红不沾杯。我的脸不禁微微发烫，连连推辞着说不用。

　　许是怕我产生误会，她看了看周围没有其他人，便轻声告诉我说，以前她连支不沾杯的口红都买不起，但她身边有一位爱她如生命的男人。如今，她再也不用涂抹那些沾杯的口红，却再也寻不回那个悉心呵护她的男人。

她送给我的那支未用过的釉红色口红，色泽内敛而沉默，让人觉得无论经历绵长的岁月，还是经历刺骨的风霜，皆无法使它褪色。

她拿出包中的小镜子，让我照着涂抹。微微上翘的唇形，有了这支口红的附丽，仿佛渗入了瓷器的肌理，不鲜妍，不夺目，却别有一番风味。我端起水杯，喝下一口后复又放下，水杯上并没有留下唇印。我抬起头看她，她也正看着我，眼中满是悲伤。

她告诉我说，她与男友从大学时便在一起，毕业后便结婚。生活虽不富裕，过得倒也顺遂。只是生活渐渐向内深入时，她那颗在不知不觉中悄然膨胀的心，觉得目前拥有的远远低于她想要的，于是她开始不断向外寻求。正如叶芝所说："奈何一个人随着年龄增长，梦想便不复轻盈；他开始用双手掂量生活，更看重果实而非花朵。"

她在一家公司做文秘，时常跟随经理外出参加各种酒会。一次替经理挡酒时，她涂抹的廉价口红，在好看的鸡尾酒酒杯上留下了痕迹。在趁人未注意时，她便假装随意地将印有红唇唇印的杯沿面朝自己。

她以为这一切都会像往常那般悄无声息地掩盖过去，却不曾料到，第二天上班时，经理将她叫到办公室，告诉她以后别再用那支廉价的口红，一个唇印让他失了公司的面子，也丢掉了一个很大的项目。

　　走出办公室时，她心中压抑许久的对财富的欲望，以及对自己丈夫的贫穷的不满，终于无可遏制地喷涌而出。

　　人生之路，一半是挣脱不掉的现实，半是无法得到的欲望。左右摇摆挣扎之中，难免会陷入泥潭，弄得自己狼狈不堪。

　　她与丈夫开始为了一点小事便频频争吵，一次两人走过一家商场时，恰巧碰到一家高档化妆品店正开张。做活动的店员热情地走到她面前，向她介绍手中那款有着玫瑰红色泽的知名品牌口红。口红涂在她双唇上，像是一朵玫瑰全力绽放着动人的美丽。她边照镜边问店员，这款口红是否沾杯。店员笑着回答说，它最大的优点便在此处。

　　站在她身旁的丈夫看出了她的心思，便掏出有些破损的钱包，问店员这款口红多少钱。店员语气里满是兴奋，告诉他今日店里开张优惠价为 498 元。他正要拿钱的手猛然停在原处，愕然地看了看她。她把手中的镜子还给店员，转身走入了喧嚣的人群。

　　他愣在原地，望着她渐渐远去的背影，觉得她像是他手中断线的风筝，宁愿走入无法预知的天地里，也不愿被贫穷牵绊。

她终究和他走散，嫁给了一名富商。如今，她的包里从不缺价格不菲的口红，她的心中却空旷如无人的山谷。

再次遇见他时，是在一年之后的火车上。他作为一名成功的化妆品经销商去南京开会，而她为了散心去南京的栖霞山看红透的枫叶。两人一同下车，说完再见之后却走向不同的方向。

简桢曾经说过："想起以前爱过的人，像从别人的皮箱中看见自己赠出去的衣服。很喜欢的一件，可惜不能穿。"我们时常幻想着久别重逢，然而真到了那时，我们反而因那件极其喜欢却不再合身的衣服，而黯然悲伤。

抵达北京时，已是傍晚时分。我唇上的光彩，仍未褪去。她提着包走入人海，就像我们不曾相识一样。

不管路有多远，都要回家

她小时候每次放学时，父亲总会用一辆很旧很老的自行车载她回家。

她坐在自行车的后座上，觉得父亲的背很宽，天上的云很白。

后来，她上了高中，又上了大学，回家的次数越来越少，但每次回家，父亲都会在村口等她。她也习惯了坐在那辆越来越旧的老式自行车上，和父亲一起回家。

再后来，她进入一家很大的企业工作，用自己的薪水买了一辆车。虽然，回家更为方便，但因工作太忙，那条乡间小路也渐渐只存在于她的记忆中。直到有一天，她给父亲打电话告诉他又不能回家时，她听到了父亲满是失落的声音。于是，她放下手上的工作，开车走上了回家的路。

洁白的流云，与湛蓝的天空，依旧是乡间小路最美的风景。

她告诉父亲在家等她就好，但当她离家越来越近时，遥遥看见父亲一如既往地站在村口，他的旁边放着那辆自行车。

她加速把车开到父亲面前，有些心疼地责备他不听自己的话。父亲没有说什么，只是拿出一根绳子，一头系在自己自行车后座上，一头系在她新车的保险杠上。父亲骑着车行在前面，领着开着车的她，回家。

父亲的背，渐渐佝偻；父亲的头发，渐渐泛白。这些都是岁月的痕迹。

在那一刻，她终于明白父亲为什么执意接她回家。

他是怕她忘记回家的路。

这则名为《回家的路》的公益广告，配着《Always on my mind》的背景音乐，把蜷缩在沙发中的我，催生出了眼泪。

猫王那浑厚中略带低沉的嗓音，那节奏稍显缓慢的旋律，

以及那干净得不染尘埃的画面，那深厚得无法用言语表达的真情，像是机器猫按下时光机的开关，将过往的一幕幕图景，清晰地摆在我们面前。

瞬间，我们脑中只有一个念头：回家。不说明天，只在此刻。不管时间是否充裕，不管手边是否有繁杂的工作。甚至连衣服都来不及换，行李都顾不得收拾。因为在父母眼中，我们的每一种姿态，都是最美的。

先坐火车，后转长途汽车，搭最后一班回家的大巴抵达乡镇。

天色渐渐暗下来，这条蜿蜒的乡间小路上却渐渐热闹起来。蟋蟀的唧唧声，青蛙的呱呱声，布谷鸟的咕咕声，此起彼伏。我像小时候那样，奔跑起来，任清风穿过我的长发。天边突然出现了火烧云，正好与我因兴奋而变红的脸颊相称。

天完全变黑时，我心中并不害怕。因为我知道这条小路的尽头，一定有父亲在等我。

纪伯伦说："从来，爱不知道自己的深度，直到别离的时刻。"

离开，即是一种失去。

失去时，终于明白自己是那样想把它抓紧。

父母以为我们从不会长大，我们以为父母从不会变老，于是我们一再选择去远方寻找所谓的梦想，最终我们长大了，父母也老了。再回到家时，我们才发现，一整条街的风景一直在为我们守候。

路边的马记香油永远散发着香味，杂货铺还卖着五毛钱一支的奶油雪糕，裁缝店里仍有一群戴着老花镜的老太太在缝衣服，修车店里的张师傅似乎永远在补一条瘪了的车胎。

他们还是我记忆中的样子，仿佛不曾改变丝毫。他们见到我时，也总是叹一句，时间过得真快，一晃眼都长这么大了。

走到父亲面前时，我终于懂得，其实一切都在改变。

我看到父亲的手，更加粗糙，指甲缝里塞满泥浆。岁月在他额头上又添了几道皱纹，我只愿皱纹不要刻到他的心上。

父亲有一搭没一搭地跟我说话，他说小时候经常给我糖吃的张奶奶，上个月去世了；他说家境贫寒的李家出了一个大学生；他说去年娶媳妇的小白，今年添了一个大胖小子。

我"嗯"一声，算是回答。

月亮在云中穿行，地上是两道拉长的身影。

此时并没有笛声响起，但我仿佛听到了乡愁那清亮而忧伤的歌。

从村口到我家，要经过一道水沟。往常，父亲总是牵着我小心翼翼地过河。这一次再经过水沟时，我向父亲伸出左手，父亲愣了愣，便把右手叠放在我手心。那一刻，我觉得我握住了整个故乡。

月华在河水中泛着光，像是父亲眼窝中努力抑制住的眼泪。

买一张车票去看你

坐在火车上，当终点太过遥远，窗外景致太过单一时，打发时间最好的方式，莫过于戴上耳机，看一部略带哀伤却不沉重的电影。

每一次起程后，晴都会这样做。

有些事，做多了便成习惯。于是，跋山涉水、翻山越岭去看龙，已变成她生命中不可割舍的一部分。

恋人之间的距离，怕是直尺无法丈量。有时明明就在身畔，却好像隔了千万个光年；有时身居天涯海角，却恍若亲密无间。而这一切取决于，在爱情这场戏剧中，我们是扮演着一厢情愿的角色，还是与对方两情相悦。

碧云送给秋水一支笔，说："用这支笔给我写信，我会回的。"

秋水说："我没有任何东西可以给你，我只有一句承诺，我会等你。"

这一次，晴在火车上看的电影是《云水谣》。

秋水，年轻而俊朗，是王家的家庭教师；碧云，贤淑而美丽，是王家的千金。两人一见钟情，坠入爱河。然而，为了躲避战乱，

秋水不得不离开。自此之后，这份爱，便隔了一道海峡。

整部影片，像是一张精美的贺卡，千言万语，皆凝成贺卡封面上那句"我永远等着你"。

交通不便，音讯不通，碧云等了一辈子，终究没有等来任何结局。

而秋水，听到追求他许久的另一个女子对他说"就让我代替碧云来爱你吧"，便将那份纯真之爱，在心底永远埋葬。

爱，是如此坚韧，又是如此脆弱。它坚韧，是因它从不畏惧无情的时光，从不畏惧空间的阻隔；它脆弱，是因它禁不起任何猜忌，禁不起任何一方的临阵脱逃。

天上的流云，随风飘摇，在清澈的水中，倒映着隐约朦胧的倩影。

影片结束，晴摘下耳机，心中是苍茫的如梦水乡、幽静古朴的台北小巷，以及秋水的那句"我会等你"。

我会等你，可我不知能不能等到你。

窗外的景致，一如往昔，由荒凉稀薄渐渐转为丰饶翠绿，天色也是由晦暗转为明亮。G278，青岛—武汉，这趟高铁她已不知坐了多少次。

爱情的能量，总是异常强烈地覆盖在我们身上。维系异地的爱情，比我们想象中更为艰难。

两情若是久长时，又岂在朝朝暮暮。这话说得轻巧，可看不到彼此的表情，触摸不到彼此的温度，心中的失落谁又能体会？

晴与龙是高中同学，高中毕业后，两人分别在青岛与武汉读大学。大学毕业后，两人分别留在各自的城市里工作。他们的爱情，从不曾因这一千多公里的距离而退缩。

落雪时节，他给她寄去厚厚的围巾与帽子，因而，每次出门时，她总会把自己包裹得严严实实。他在电话里嘱咐她，要按时吃饭，替他好好照顾自己，于是，她买来锅碗瓢盆，每一顿都把自己喂得饱饱的。

不上班的日子，她总爱去海边走走。海风吹来，托起她的长发，将她的思念，梳理得格外柔软。她总是相信，海风能把她的惦念带到他身边。

与碧云和秋水比起来，晴和龙是如此幸运。他们想念对方时，就给对方发短信、打电话，如若这些仍不能抵挡汹涌的思念，他们就买一张车票，站到对方面前。而碧云和秋水，只能在越来越暗淡的岁月中，用自己的想象与回忆，给往事涂一涂口红，以免自己有一天醒来时忘却对方。

下午两点五十二分，火车停靠在武汉。她走出火车站，看到路边的几株樱花，正含苞待放。性子急的，索性已经零星地举起几瓣粉红的小花。

当晴看到不远处龙正张开双手站在樱花树下时，她心潮涌动，穿越人海投入他的怀抱，眼中满是感动的泪水。

秋水对碧云说："我会等你。"最终，他娶了另外一个女人。

龙不曾对晴有过任何承诺，然而，每次晴转身时，都会看到他的双臂，时刻保持着张开的姿势。

相隔千里万里，也没有关系，如果我想你，我就买一张车票去看你，只要，你愿意在火车另一端等我。

晴把这部影片讲给龙听。龙问她："如果你是碧云，你会恨秋水吗？"

"我想不会吧，爱一个人，就是要他幸福。"晴靠着他的肩膀，认真地说道。

爱情中，自始至终都没有恨。如若有恨，那也是因了爱。

七周年恋爱纪念日时，晴放弃青岛的工作，提着重重的行李，来到武汉。

她手中从青岛到武汉的车票，共有八十六张。

领回结婚证时，他们看到路边的樱花，开得如火如荼。

第八辑

世界灿烂盛大，
也有人等你回家

流年似水，
愿爱永存。
岁月无恙，
愿最好的时光里，有你。

生活活色生香，岁月温柔绵长

记忆里的东西，几乎每一件都是淡淡的颜色，却有着最浓最深的味道。

过生日那天，两个闺密在附近一家口碑极好的火锅店为我庆生。虽倔强地说着，我们不到八十岁就不老，过完生日却毕竟又老了一岁。煮沸的铜锅里冒着热气，窗外不知从何时起开始飘起小雪。我们三个有说有笑，说到动情处，眼中竟也堆起几朵泪花。

三人回到我的居室，已是午后三点。屋内暖气开得很足，外面的雪丝毫没有要停下的迹象。尽管我们吃得很撑，还是禁不住诱惑把买来的草莓奶油蛋糕切开来吃。最后，蛋糕没吃多少，奶油多半抹到了脸上。

她们离开后，屋内狼藉一片，只有些许欢笑的回响在脑中盘旋着出现，我一人疲惫地躺在床上，盯着苍白的天花板，感觉心一寸寸往下沉。

过了许久，屋内渐渐变黑。我从包中翻出手机想看看时间，发现竟有十几个未接电话，都是母亲打来的。起身拉开灯，拨通母亲的电话。

与往昔不同，母亲那一天的话格外多。她说，几乎每年我过生日时都会下雪，雪是好预兆，田里的小麦有了指望。我站在窗前，看到雪已是厚厚一层。小区的院落中，有一对母子正在堆雪人。

猛然间，许是因为吃得太多太杂，我胃里一阵抽搐。与母亲说话时，声音中不自觉便带了克制的痛楚。母亲很是敏感，问我是不是肠胃又难受了。我没有应声，算是一种默认。她在电话里对我说，自己动手做一碗白米粥吧，胃里暖了就好受了。

由于小时候不好好吃饭，肠胃时常闹毛病。上中学时，学习压力逐渐增大，竟患上了肠胃炎。去医院，医生整整写了一页药方，嘱托母亲去药房抓中药。那段时间，每天午后母亲都用砂锅熬制汤药，等我放学回来后喝下。我性子很倔，觉得越喝肚子越是胀气，而且那色泽浑黑的汤药极苦，便赌气不喝了。

母亲拗不过我，便不再熬制中药，而是每天熬一锅白米粥，再煮两个笨鸡蛋，当作正餐让我吃。不过几日的时间，肠胃便不再像先前那样难受，食欲也渐渐大起来，除却鸡蛋与白米粥，也能吃少许的青菜、豆角之类的。大约半月之后，再感受不到一丁点儿病症之痛。

离家前一天夜里，母亲走到我屋里时，我正和同学打电话。她静默着坐到写字台前的木椅上，等我打完电话后，她从衣兜里掏出一个破旧的小本子，有些难为情地交到我手上。我有些疑惑地打开，才知道那是母亲做饭的菜谱。

每一页仿佛都能闻见油盐酱醋的味道，那四边焦黄的纸页，更像是炝锅的葱花，散发着人生百味。一页页翻开，都是我爱吃的，她常做的家常菜。

母亲对我说，吃不惯外面的菜，就自己动手做一些。菜谱上虽然都是些普通菜，也总比饿着强。最后一页记着怎么煮粥，肠胃不好时，这个最管用。

最终，我把菜谱装进行李箱的内层，让它随我一同远离了家乡。

我把母亲的菜谱带在身边，就好像把家的味道存放在了心里。

只是，我从未照着母亲的菜谱做出一份像样的菜，即便胃疼时，也只是喝一杯热水忍过去。

我与家之间隔着千里，这中间不仅隔了山水，也隔着悠长的岁月与无以回报的情意。

挂掉母亲的电话后，院落里那对母子已经堆好了一个雪人，孩子正俏皮地给它围上自己的围巾。我转过身，从行李箱的底层拿出母亲的菜谱，翻到最后一页，决定要煮一次粥，用来暖胃，也用来回味。

母亲只上过几年学，字迹带着幼童的稚嫩，某些字不会写时，便用拼音代替。我看着这本菜谱，不禁有些心酸。

我按照本子上记录的煮粥步骤开始做起来，先将白米泡在清水里大约半个小时，待锅内的水沸腾后，加入浸泡好的大米，这样米粒最为饱满，并且不会粘在锅底。下锅之后，开始时要保持大火，锅内的水再次沸腾后，可滴入几滴食用油，并调成小火，盖上锅盖熬煮。直到米粒渐渐糊化，粥汤也渐渐浓稠后，便打开盖子，用勺子顺时针不停地搅拌。

约两个小时后，我便做好了白米粥，厨房中满是清香。

我刷好碗筷，擦好桌子，坐下来开始品尝自己做的白米粥。

吃到最后，吃出了眼泪，却未吃出母亲做的白米粥的味道。

因为念旧，水可化为云，云也可回到水，而记忆的味道，却只属于过去，无法再现。就像我做的白米粥，无论如何也赶不上母亲的手艺。

当爱情走入婚姻

午夜十二点，灯火仍未熄灭。穿着一身睡袍，听将要踏入婚姻殿堂的女友叶子哭诉内心对婚后生活的恐惧。

是不是仍可以被宠为由理直气壮地不做家务，不进厨房，不碰柴米油盐？是不是仍可与姐妹们结伴出游，不被眼前琐碎生活所困扰？是不是可将襁褓幼儿扔给他的父母，不中断自己热爱的工作？是不是仍然拥有热烈如昨，不会变质的爱情？

纸巾已经用掉了几包，她内心的忧惧比窗外的夜色更浓。

头发散乱的我，听完后无言以对。

能对她说些什么呢？如若给出她的答案是肯定的，自然会减缓她的焦虑，让她破涕为笑，但这无疑会给她的婚后和谐生活带来阻碍；如若给出她的答案是否定的，虽会让她认清爱情与婚姻的差别之所在，以做好充分的准备，但恐怕她连穿上婚纱的勇气也丧失掉了。

于是，我只能及时地递上一张张纸巾，耐心地等待她说累后倒头就睡的时刻。

我们满心欢喜地谈着你情我愿的恋爱，在花前月下说着几生几世的动人傻话，把爱情放在真空的玻璃杯中，踮起脚尖痴痴仰望。即使有暴风雨来袭，两人也是齐心协力为爱情寻一处避风港，直到雨过天晴，七色彩虹架上天空的那一天。

最终，两人经过时间的考验，冲过双方父母布下的战局，以为一切已然尘埃落定，新生活即刻便拉开序幕时，多半女子心中会打起退堂鼓。

她们吃惊地叹道：原来，真正兵荒马乱的时刻，才刚刚开始。

我们恨不得在爱情中沉醉不醒，却对婚姻唯恐避之不及。

婚姻本是爱情的延续与结果，我们却因未做好生活功课而视其为爱情的坟墓。

我们多半人只愿戴上婚姻的皇冠，吃一颗定心丸，继续享受纯真的爱情，而不愿真正走进婚姻的里层，将之与责任相勾连，收起那颗少女之心，深切体会婚姻里相濡以沫的静水流深。

叶子身上那对色彩缤纷的翅膀还未隐藏起来，又怎甘心穿一双千层底的老布鞋脚踏实地地走上婚姻之路。因而，那些痛哭流涕的夜晚，并非她的矫情在作怪，而是她怕与幸福背道而驰。

然而，越是逃避，事情越糟糕。倒不如敞开心怀，坦率地问问自己，究竟倾向于哪一种结果。

　　如若不够爱他，唯恐低到尘埃里也开不出花朵，不愿委曲求全放弃天赋的灵性，那白纸黑字的婚姻书，也不过是一根勒疼彼此的心的绳索罢了。即便日后睡到了一张床上，想必也是相背而卧，做着风马牛不相及的梦。与其如此，不如大大方方地全身而退，做回那个随性而为的女子。

　　如若足够爱他，愿意放低姿态将爱情从真空瓶中取出，放置于尘埃与阳光之下，那便勇敢地披上嫁衣，将自己的心，连同自己的余生都交付于他，与之在新的土地上落地生根，长成可经得起寒潮、风雷、霹雳，也可共享受雾霭、流岚、虹霓的两棵橡树。

　　我从不怀疑叶子对她男友的爱意，令我担忧的是她对婚姻的理解，以及对生活真相的领悟。

　　恋爱时，他可以把她捧在手心，对她百依百顺，甚至甘愿为她摘下星辰，留住月光。一旦她转换成妻子的角色，他考虑更多的则是怎样解决日常温饱，怎样将每一天都过得妥当饱满，而无暇顾及花哨的爱情。如若她无法给予他足够多的包容，也不愿将悬在空中的心放回胸腔内，小心翼翼地经营家庭，两人自然会被时间的洪流冲散。

　　所以，在谈婚论嫁时，她从那个信心满满可以够到幸福的姑娘，渐渐变成了手忙脚乱的姑娘。

有人说，幸福是一辈子都需要努力的事情。

人生之路的每个阶段，都有与之相配的磨难如影随形。想要以回避的方式跳过某一阶段，是在欺人，更是在自欺。战胜了爱情中的猜忌与狭隘，看得见日后的柴米油盐，情愿接受生活中的琐碎与平淡，才有可能一起越过一道道坎。

张爱玲说："人总是在接近幸福时倍感幸福，在幸福进行时患得患失。"如是。千奇百怪的想法太多，愿意脚踏实地做得太少，于是，不懂取舍的我们，常常掉入自己掘开的深渊中。

《渡情》里悠悠地唱着："百年修得同船渡，千年修得共枕眠。"决定与一个人共度一生，如此不易，我们真该好好珍惜这段情缘才是。

我用自己的方式去爱你

小婷的父母忙于生意，她自幼和奶奶一起生活。

奶奶在自家的院落里开辟出了一块菜园子，每至春日时，她就在菜园子里撒下南瓜、黄瓜、豆角等种子。别人家的迎春花开得格外绚丽，小婷只在家中闻到了泥土的气息。

晨晓，大地尚未苏醒，奶奶便起床为小婷做好饭，将其盖好放在灶炉旁，然后为刚刚下种的菜园浇水。奶奶常说，多吃些蔬菜好，自家种的比集市里买来的要干净，吃着也放心。因而，一到秋季，饭桌上便有吃不完的蔬菜。

奶奶最喜欢的蔬菜是南瓜，南瓜有多种做法，嫩的可以炒，老一点的可用来炖，再老的便会用来煮小米粥。只要掺和了南瓜的饭菜，奶奶都真心觉得好吃。于是，她一次又一次让南瓜做了一日三餐的主角。

她对孙女的爱，她所能给予的全部，便是如此笨拙而质朴地让其嵌入味觉里，由胃至心皆感温暖。

只是，世间的爱皆难以完美登对，摆在眼前的、触手可及的，往往成了以让对方幸福为名的牵绊。

小婷喜欢邻居家的院子，因为里面种满了开得灼灼耀目的鲜花。每当奶奶在院子里忙活时，她总是懒得过去帮忙。每当

奶奶将冒着热气的南瓜粥放在她面前时，她也总要拿起筷子将碗中的南瓜都拣出来扔给奶奶。如若看到黏稠的粥中还掺和着被煮化了的南瓜丝，她也要一点点挑干净才赌气般地以最快的速度喝完。至于炒或炖的南瓜菜，她更是在锅中随便扒拉几口后，便放下筷子去做自己的事情。

只因不喜欢吃任何与南瓜有关的食物，她从未接受奶奶双手捧给她的爱。

爱的方式有很多种，奶奶只会其中一种，于是她将这一种毫无保留地付出，而小婷倾心的是另一种，她希望奶奶可以按照她认可的方式来爱自己，却总是事与愿违。

奶奶觉得南瓜好，因而她仍然一如既往地为小婷做着炒南瓜、炖南瓜、南瓜粥。

小婷不喜欢南瓜，所以她始终毫无顾忌地将南瓜从碗中扔出。

小婷上高中，上大学，继而工作，一走就是很久。奶奶步履越来越迟缓，但始终保留着院落里那片菜园子，春播秋收。一个人吃不了那么多蔬菜，便留下一些南瓜，其余的全都分给邻里。当小婷回到家时，奶奶便早早地开火、做水，熬一大锅滚烂的南瓜粥。

小婷已不似幼时那样任性，再不喜欢喝南瓜粥也会硬着头皮喝下去。

但当她看到奶奶端着一碗几乎没有一丝南瓜的粥，而自己碗内满是南瓜时，有些摸不着头脑。奶奶看到孙女惊愕的神情，不禁笑了笑。

有些事情，在我们意料之中，但当对方说出口时，还是感觉有些猝不及防。

奶奶一边喝那碗白米粥，一边轻描淡写地说，前不久她去医院体检，查出了糖尿病，医生叮嘱她以后少吃甜食。她还特意问医生，用老南瓜煮粥喝可不可以，得到的答复却是老南瓜也属于甜性食品，不许吃。

小婷听完之后没有说什么，只是拿起筷子，将一块南瓜放进了嘴里。这是她第一次细细品尝南瓜的味道，细腻糯软的南瓜瓤入口之后，用舌尖轻轻一抿，便化为甘甜细润的果泥。奶奶看着她吃下之后，探着头小心翼翼地问她："好吃吗？"她的头一寸寸低下去，埋在两腿之间，地上啪嗒掉下两滴泪珠。

她终于品尝到了藏在南瓜里的爱，这份爱始终以她并不喜欢的方式默默守护着她。直到风烟都散尽时，她才恍然明白，原来是她一直在苛求爱的方式，错把爱当成恨。

我曾看过一部名为《大鱼》的电影。

父亲爱德华最喜欢做的事，便是向人们讲述自己早年旅行时遇到的众多离奇故事。他曾遇到过一个老巫婆、一名巨人，到过一个名为"幽灵城"的地方，到过晚上人会变为狼的马戏团，也遇见过一条无论如何也抓不住的大鱼，并在途中遇见了自己命定的妻子。

这些故事打动了街坊四邻，却无法让儿子威尔信服。威尔认为他与父亲之间存在难以填补的鸿沟，更难以接受他的奇谈。于是，在爱上一名法国女子之后，威尔毫不犹豫地与其结婚，并离开了自己的家与家中喋喋不休的父亲。

整整三年，他没有与父亲联系，直到母亲打来电话，告诉他父亲身患绝症，他才和妻子重返故里。已做了父亲的他，再一次坐在父亲床榻前听他讲那些传奇的故事，才明白父亲的用意并非虚夸自己独特的经历，而是想告诉他，要学会尊重每个人身上的那些怪异之处，并热爱自己与众不同的生命。

最终，父亲在他怀中去世，他也终于接受了父亲给予他的爱。

向日葵只会朝太阳盛开，这是属于向日葵独一无二的爱的方式。

我只会用我最擅长的方式爱你，这是属于我唯一的爱你的方式。

女儿是父母永远的牵挂

除夕之夜，夜空中烟花四溅，鞭炮声此起彼伏，瓜子嗑了一地，春晚节目笑点频出。手机里满是群发的祝福短信，有心的人也会打来电话聊上几句。

结束的已然结束，开始的尚未开始，一年中，奢侈的时光也就除夕那一晚。一家人围坐在一起，聊聊东家长西家短，便是莫大的幸福。

彼时，不快乐的人大抵只有两类，刚刚嫁出女儿的父母，以及刚刚结婚的新媳妇。热闹是别人的，而他们心中只有漫无边际的落寞。这并非说女儿遇人不淑，也不是因为丈夫不体贴、公婆不说理，而是他们还未能顺畅地完成角色转换。

女儿多了一对父母，但每次面对公婆时，那句出口的"爸妈"，还是有些涩。多了一些人疼自己，却已不能像对自己父母那样，无赖、无理。自己要做的是，给予丈夫一切支持的好太太、孝顺公婆的好儿媳。

将近十二点时，出嫁不久的小丹给我打来电话。我从父母中间抽出身来，走到院落中。

一群孩子从大门前跑过，与他们的笑声相和的是噼里啪啦的鞭炮声。几个胆大的孩子，偷偷跑进我家院子，想要拾走一些炮皮，猛然看到站在院落中的我，撒腿便跑。

最初，电话里并没有传来小丹的说话声，而是断断续续的低声哭泣。我有些着急，不断问她怎么了。过了很久，她才说，真羡慕我还可以在家过年，她几次想要给父母打电话，拨出去后又急急挂断，生怕一说话就带了哭腔。最终，她只是发了一条短信，报了平安，让父母不要挂念。

想必她父母那一夜也是相对而坐，沉寂无声的。即便家中的炉火烧得再旺，电视里的节目再精彩，划窗而过的烟花再绚丽，这个家中仍是没有零星过年的气氛。父母天天盼着女儿能嫁个好人家，如今女儿有了自己的家，他们悬在半空中的心终于落到了胸腔内，可不知为何还是空落落的，想抓住些什么，偏偏又抓不住。当女儿发回短信来时，仿佛从梦中惊醒般，真切体会到女儿已花落他家，却也只得含着眼泪回复，家中一切安好，不必牵挂。

寒风侵到脖子里，有种透骨的凉。我把羽绒服拉链拉到顶端，一手抱紧身子。

小丹的说话声与哭泣声交织着传来，我似乎能看到她呵出的白气，像是找不到家的孩子，无奈地飘散。

我虽没有她这般经历，倒也能感同身受。只是，笨拙的我，找不出任何字句来劝慰她。兴许，她要的不是别人怎样帮她止住眼泪，而是要某一个人倾听她的眼泪。哭出来后，胸腔内的委屈也便流泻而出。

母亲隔着窗子叫我，快要十二点了，马上要一起倒计时呢。恰巧那时，小丹丈夫的声音也传来，小丹清清嗓子应了一声，便对我说她已经没事儿了，要回到屋内和丈夫一家倒计时了。

电话里响起嘟嘟声，邻居家放了一挂鞭炮，我捂着耳朵跑回屋中。我仍旧坐在父母中间，母亲拉过我的手不停地搓，暖意缓缓传递过来，由指尖递送到心上。

春晚主持人聚集到一起，和台下观众一起倒数：五、四、三、二、一……

结束的已经彻底结束，开始的已经拉开序幕，小丹的哭泣声回荡在耳边，我不知道我还能陪父母过几次年。

母亲问我，刚刚和谁打了那么长时间电话。我说是去年刚结婚的小丹，她第一年不在家过年，有些不习惯。母亲叹了一口气："女大不中留啊，你也老大不小了。"父亲听完母亲的话，双手茫然地搓了搓膝盖，拿起桌上的打火机，点了一支烟，说要再放一挂鞭炮。

我和母亲也起身跟随父亲走出屋外，父亲在院子里用那支烟点燃鞭炮后，便迅速跑到一边，捂起耳朵。我们三人站在一起，像是永远不会分开一样。

去年冬天下的雪，还没化尽，车行在路上有一些滑。

大年初三，出嫁的女儿们纷纷回到娘家。

我知道小丹肯定也会回来，吃过早饭之后，便早早去她家等她。

她给父母带着各种滋补身体的礼品，每件礼品都带着精致的包装盒。未曾出嫁时，不管是做学生，还是工作以后回到家，她都带回最实在的东西，随便用一个塑料袋装着。如今，回一趟家，倒像是串亲戚似的，生怕不体面。

她母亲接过这些礼品时，心中五味杂陈，在屋内转了好几圈，都不知道放在哪里合适。小丹走上前去把桌上摆着的两大盘瓜子和糖果拿开，母亲这才将礼品放下。

她母亲转身走进厨房，没多久又走出来，拿起暖壶给我们倒水，又给我们洗了一些水果。小丹默不作声，让母亲忙碌着。她知道，母亲是在用忙碌掩饰自己的紧张。

天色渐渐沉下来，墙上的挂钟响了四声。小丹的身子稍稍动了一下，她看了看父母的神情，复又坐好。电视机里重复着昨晚的春晚，演到笑点很多的小品时，大家也都跟着笑起来，只是笑过之后大家又陷入了沉默。

五点，小丹起身决定要走。母亲催促着父亲赶紧去隔壁屋子里拿早就准备好的腊肉，小丹几经推脱，死活不拿着。母亲有些着急，只得说，新媳妇空手回去不好。小丹愣了一下，憋了一天的眼泪终于流出来。

小丹走了，带着那条腊肉，以及父母的牵挂。

能热爱青春，也能认真老去

年轻时，我们最不缺的是梦想。

老去时，我们最不缺的是年轻时未曾实现的梦想。

一个愿望的成型，有时只用了一秒钟。一个愿望的遗忘，也可能是在不经意间。老态龙钟地躺在轮椅，或是病床上，以苦涩的药物维持生命时，才恍然明白，什么是自己最想要的。

有人说，那时为时已晚，但始终留在心底的那个愿望，永远不会嫌你行动得太迟。未曾认真年轻过的人，最该为自己认真地老去。

周末，除却与朋友在各种格子铺里闲逛来消磨时光，我时常一人窝在家中的沙发上看老电影。一部片子，一个完整的故事，常常赚足我的眼泪。倒不是说故事本身有多吸引人，而是看电影这种方式，往往让我忘却当前的境遇，置身于一种理想的时空中。

　　尽管听朋友说《给朱丽叶的信》剧情很是老套，还是决定找来看。一幅别具风情的古典油画，以及一首温婉柔和的《You got me》，为这部电影奏响了浪漫序曲。

　　意大利维罗纳小镇，有一堵"罗密欧与朱丽叶"的许愿墙，凡是有关爱情的絮语，皆可写于其上。索菲与未婚夫来到此地，想要写下只言片语时，却意外地发现了压在石缝里的一封尘封了五十年的信笺。

　　信笺的主人是一位五十年前来到此地的英国姑娘，她与一位热情的男子相识并相恋，并相约某一天两人要携手共度余生。然而，她没有勇气放下所拥有的一切，只得把那份爱恋藏在心里，自此之后再未与那位男子相见。就这样，他们各自结婚生子，消失在茫茫人海。

　　索菲未经思量便给她写了回信，唤醒了她的旧梦，与她一起开启了寻找真爱的旅程。

几乎每个人都害怕老去，头发花白，牙齿松动，药不离身，医院为家，甚至多活一秒都是奢侈，至于那偶尔在脑中迸现的梦想灵光，更是比流星消殒得还快。

　　这样的生活，恐怕是所有人的噩梦。即便有人腿脚灵快、耳聪目明，心灵怕也是日益变为残垣断壁。陪伴自己细数从前时光的人唯有自己，愿听自己唠叨那些前尘旧梦的人唯有自己，就连相信自己还有梦想的人，也只剩自己。

　　内心的孤独与寂寞，如同蠹虫一样侵蚀身心的每一部位。此时，与其坐以待毙地等着死神前来索命，倒不如豁出去启动梦想按钮。

　　《写给朱丽叶的信》中，她已过花甲之年，如若不是收到那封跨越千山万水，字里行间满是鼓励的信笺，她定然会蜷缩在角落，任衰老之后的孤独感与衰颓感，一寸寸吞噬她所剩无几的尘世时光。

　　当她重拾勇气，决定走出家门，去梦开始的地方寻找旧日的恋人时，如水般流逝的时光终于不再残忍，积存在内心深处的遗憾也终于被温柔地原谅，老去也并不是那么可怕的事情。

　　想必你也想象过自己老去的样子吧。

　　脸上满是皱纹，肌肤不再紧致，令人艳羡的一头乌发变为银丝，尽管没人愿意听，自己依旧唠叨不停。

这些都无人幸免，但有人活得如一杯白开水，而有人则有本事过得如一杯颇有余味的咖啡。为何？是因前者无梦，后者有梦吗？恐怕不是。这其中的分水岭，当是后者敢于拖着干瘪的身躯，踏上为饱满的梦想而活的旅途。至于最终实现与否，都不再重要。

老去之后，行动不便时，人们是为什么活下去？是为活得更长，是为眷恋与不舍，还是为最终的离开？

五位老人，平均年龄八十六岁，一位重听，一位癌症，三位有心脏病。相聚在一起时，餐桌上除却饭菜，还有往日好友的遗像。彼时，他们有两种选择，或是无所事事，把时间一滴滴耗尽；或是与所有人的思维逆向而行，做一次华丽的冒险。

既然无论怎样都逃不出死神的手掌，何不让那颗微弱的心脏为想做却未能做的事而跳动；既然眼前的路越走越窄，何不掉头换一条路试试。

于是，他们五个人撕掉医生的诊断书，扔掉药丸与拐杖，高强度锻炼六个月后，开始了骑摩托环岛旅行。当他们骑到多年前常去的海边，举着妻子与朋友的遗照欢呼时，他们终于获得了命运给予的答案：

为梦而活。

后来，这段真实的故事，被搬上银屏，取名为《梦骑士》，让无论是握着青春尾巴的年轻人，还是身体机能逐渐退化的老年人，皆深受感动。但我想，银屏前的我们更多的是震撼。

我们身边也有老人，他们也曾说过要去实现自己年轻时未实现的梦想，而我们则生怕他们中途发生意外，非但未给予任何支持，反而以千般恐吓、万般阻拦回应。

可是，你我也有老去的那一天，那时手掌里的纹路已然不可信，唯有借用手掌里的力量，才得以让人生最后的征程不至于凉薄至荒芜。

所以，不要阻拦他们。即便死亡，也要死得有意义、有尊严。

像一只冬眠的熊，安静地等待

等待，不为对方能回来执起自己的手，而是找个借口站在原地，守护内心深处那份虽已搁浅，却不曾忘怀的爱恋。

许久之前，他已爱上她。但人们都说，那不过是因他不曾走出过闭塞的小镇。

许久之后，他在外面的世界里看过了浩渺的银河，但他仍笃定，他只爱她这一颗闪着微光的星星。

国庆期间，我没有安排任何出游计划，只是提着简单的行李，坐上了回家的车。

　　小路仍是那般崎岖，以最初的姿态迎接着每一位归来的旅人。远远地就看见父亲等在村口，有车经过时，他总是微微踮起脚尖向里张望。等我站在他面前时，他又拽拽翘起的衣襟，像是要展平心中的紧张与喜悦。

　　他接过我不重的行李，一声不吭地走在我前面。我迈着大步，追随其后，看着他稍稍臃肿的背影，心里隐隐发酸。

　　走过村里的大桥时，我看到很多人正摆大灶，一家门前放置着各种鲜肉与蔬菜，管事的老爷爷叫住父亲，让他早点过来。父亲应了一声，便大步流星地向家的方向走去。我追上父亲，问他是不是刘叔家要办喜事。父亲点头后，又说刘家的女儿嫁给了桥南边王家的儿子。父亲说得极其郑重，我听后眼中不禁有泪意涌动。

　　住在大桥边的刘叔，右腿在三十年前截肢。他很少出门，我很少见他，即便见到他，也总会在惊讶与害怕中远远跑开。

　　依旧记得，许久之前的一个冬日午后，父母都去了外婆家，家中就只剩下奶奶和我。奶奶怕我受冷，便隔一段时间在炉中添一次煤块。窗外风声鹤唳，屋内暖意流淌。我央求奶奶给我讲讲有关刘叔的故事，奶奶便戴着老花镜一边缝补破了洞的枕巾，一边向我讲发生于童话之外，却比童话更富传奇性的故事。

住在大桥之南的刘叔，与住在大桥之北的王妈原本是相爱的恋人，自小学至大学，两人皆在同一所学校，村里人皆知他们结婚不过是迟早的事情。他们没有经过"初识，相知，热恋，平淡"等所谓环节，而是在守护于彼此身边的习惯中，保持着一贯平和的热温。

这种没有世俗眼中的利益，不涉及房与车的爱情，因太过于美好纯真，而令人陷得最深。爱着彼此，就像爱着让人无限留恋的生命；倾其所有让对方幸福，也成了彼此心中的宗教与信仰。

于是，这就不难解释，为何刘叔在暑假期间与同学登山不慎跌落，截断右腿后，要把王妈狠狠拒在家门之外。

大学没有毕业，他便退学，在媒人的介绍下，娶了邻村一位孤儿。婚礼那天，朋友们喝得东倒西歪，口中吐出的不成句的话，都是深深的惋惜。唯有他没有沾一点酒，他怕泄露密封在心底的秘密。

她读完了大学，离开了那座繁华的、没有他的温度的城市，回到了家乡找了一份收入甚微的工作。村里人都替她惋惜，只有她知道自己心中所想，成不了他的妻子，就要成为他的邻居。就像几米说的那样："虽然在最低的位置，看不到花朵绽放时的艳丽，然而却不会错过，花瓣飘落时在风中悠扬飞舞的浪漫。"

最终，她盘起长发，穿上嫁衣，成了别人的妻子。他在水之北，她在水之南，彼此隔水相望。

奶奶手中的枕巾已经缝补好，她摘下老花镜，又在火炉中添了一块煤。顿了顿后，她又接着说道，在同一年，刘家添了一个女儿，王家添了一个儿子。光阴流转，时日渐长，冥冥之中仿佛有某种力量，在指引着他们的孩子去走他们原来的道路。

凌晨四五点钟，天色由暗变明。

我还在睡梦中，忽然听闻鞭炮声噼里啪啦地响彻整个村子。我匆忙穿上衣服，搀着奶奶走出了家门。狭窄的街道两侧早已是人山人海，人们议论着、感叹着，看着载着新娘的车在鞭炮声中缓缓驶过。

我们捂着耳朵，追随其后，想要见证那神圣的一刻。

在新郎将新娘抱下车之时，原本不完满的故事终于有了称心的结局。

机场里等不来一艘船，赤道上下不起一场雪。然而，如若足够勇敢，就撕掉那张机票，来到海边；或是穿越千山万水，走到北极。

五十岁的刘叔与王妈终于成了彼此的家人。虽然，最终在一起的是他们骨血的延伸；虽然，他们已经等得太久。

最后的恋爱才是初恋

阿多尼斯在《我的孤独是一座花园》中写道："夜晚在我的枕头上沉睡，我却独自无眠。"

深夜无眠，多半为爱。

周遭阒静无声，连微风从窗口拂过都能听见。屋内没有开灯，月光也无从渗入，黑暗如影随形。我躺在床上，辗转反侧，翻来覆去地想着白天和男友逛朝阳公园的场景。

因为天气转凉，游人很少，公园里很静。但转弯时，会在泛红的枫树下看到拍婚纱的一对对璧人。我拿出手机，将眼前的情景拍摄下来，并将摄影师也拍进去。

已经很久不走动，不过逛了半圈就有些累。于是，我看到路边那个木质靠椅后，便毫不犹豫地坐下来，并支使男友去买两个冰激凌回来。

我一边歇息，一边看手机里拍摄的照片，一条弯曲的小河，兀自凋零的落叶，以及认真为新人拍摄婚纱的摄影师，都被我拍得意境十足，不禁有些欣欣然。抬头时，我猛然看到左前方有一扇半开的栅栏，颇有田园风格，便情不自禁站起来准备拍下来。恰在那时，一个极为熟悉的身影朝我这个方向走来。我

有些慌乱，对方看到愣在原地的我时，脸上也显出极为意外的神情。

是的，他是我的前男友。而在他身后，我的现任男友，也正朝我一步步走来。

是的，在分开之后，我仍会偶尔想起他，想起他时，心口也会如缺氧般难受。但更多的情况下，他就像是我压在箱底的衣服，虽然崭新如初，到底因为样子过时而不能穿在身上了。我无数次想象过我们重逢时的时间、地点，以及彼此相互寒暄的方式，却从未想到我们的偶然碰见，竟会由我的现任男友见证。

前男友缓缓走近我，跟我客套地寒暄。许是为了缓解尴尬，许是为了看我拍照的品位跟以前有何不同，他提出要看看我拍摄的照片。我没有理由拒绝，只得把手机递给他。他边看边说拍摄的景物还是老样子，我并不答话，只是瞅着现男友走来的方向。

现男友远远看到一个男生有些随意地拿着我的手机在看，不由得加快脚步。走到我身边后，便把冰激凌递到我手中，并替我围好松垮的围巾。此刻，前男友手中的手机，显得尤为难堪，继续拿在手中觉得不妥，如若即刻还给我，又觉得太过小气，鼻尖上不禁渗出诸多小汗珠。

我很自然地将手机拿过来，并对现男友说："这是王鹏，跟你提过的。"

我的话音刚落，他们便相互直视着对方，仿佛要从彼此身上看到过去与现在的我。当然那不过是一秒钟之内发生的事情，一秒钟之后，现男友便向王鹏报了自己的姓名，并向他伸出右手，等王鹏握住后，他便转过头来对我说，刚刚去买冰激凌时，看到那边有几个人在踢足球，他要过去和他们一起踢，过一会儿我去那边找他就可以。

我望着他转身离去的背影，心中满是感激。他知道任何人都无权替当事人做决定，因而他让我自己去处理心上那些荒芜的杂草，而他情愿在远处静静等一个全新的我，朝他狂奔而去。如若就此弄丢彼此，只能说明彼此还不够坚定。

往昔属于逝水，落款处潦草也好，工整也罢，都永不重回，但它存在的事实无法抹去。太多的人纠结于到底该不该记得前男友，如若记得显得太过花心；如若遗忘，又显得太过薄情。因而狭路相逢时，竟不知如何面对彼此。

受了太多的伤，听了太多的爱情箴言，再次恋爱时，我们常常用经验多于用真情，猜忌多于付出。因而，最终难免从情人沦为朋友。

王鹏几次想要说些什么却又无从说起，最终只是问我怎么也来这里。我笑笑说，这个时候人很少，正适合拍照。我以同样的问题问他，他也只是说刚刚搬了新家，离这里很近，所以时常过来走走。

　　寒风扑面而来，时间已经一刻钟，我们并没有说太多的话。彼此挥手说完再见之后，他忽又转过身来，很认真地对我说："祝你们幸福。"话音落下的那一刻，我与他深深吐纳一口气，如释重负般原谅了那段带伤的岁月。

　　他小跑着渐行渐远，我拿出手机拍下那扇半开的栅栏。此前，我曾认为永不相见，便可在无涯的时间里渐渐释然，如今转弯相逢后，我才明白，真切地为对方送上祝福时，才会放下得彻底。

　　拍好照片后，我便一路跑着去找踢足球的男友。刚要从追逐足球的人中寻找他的身影时，却发现他站在观看的人群中，耐心而焦急地等我归来。我一手握着用来拍摄照片的手机，把另一只手交到他手心。

　　他始终没有提起刚刚的场景，像往常那样说着朋友们的糗事，只

是他握着我的手比平日更加用力。

他手中的温度缓慢而郑重地传到我手心，我想起茨维塔耶娃的那句诗：

我想和你一起生活
在某个小镇
共享无尽的黄昏
和绵绵不绝的钟声

微风叩响门扉，夜色弥漫满屋。一切悄无声息，思量许久之后，我终于给他发出那条只有"谢谢"二字的短信。

手机很快滴滴两声，我打开短信收件箱，也只看到两个字："谢谢。"

原来，醒着的不只我一人。

初次恋爱时，我曾觉得那是最后的恋爱。如今与他在一起，我觉得这才是初恋。